AF514305

Hanisch

Strafprozessrecht und Strafverteidigung

Gregor Hanisch

Strafprozessrecht und Strafverteidigung

Kompaktwissen für die Praxis

Verlag Personal, Recht, Management Ltd.

Bibliographische Information der deutschen Nationalbibliothek
Die Deutsche Nationalbibliothek verzeichnet diese Publikation in der Deutschen Nationalbibliographie; detaillierte bibliographische Daten sind im Internet über http://dnb.d-nb.de abrufbar.

Niederlassung Deutschland: Lindlaustr. 2a, 53842 Troisdorf

Umschlagskonzeption: Verlag Personal, Recht, Management Ltd.
Titelbild: © Thorben Wengert / PIXELIO
Satz: Verlag Personal, Recht, Management Ltd.
Druck: Books on Demand GmbH, Norderstedt
Printed in Germany, Februar 2011

ISBN 978-3-941388-42-0

Inhaltsverzeichnis

Abkürzungsverzeichnis

Abs.	Absatz
AG	Amtsgericht
AO	Abgabenordnung
Art.	Artikel
BGB	Bürgerliches Gesetzbuch
BGH	Bundesgerichtshof
BKA	Bundeskriminalamt
BRAO	Bundesrechtsanwaltsordnung
BtMG	Betäubungsmittelgesesetz
BVerfG	Bundesverfassungsgericht
BVerfGG	Bundesverfassungsgerichtsgesetz
BZRG	Bundeszentralregistergesetz
ErmR	Ermittlungsrichter
GG	Grundgesetz
grds.	grundsätzlich
GVG	Gerichtsverfassungsgesetz
InsO	Insolvenzordnung
JGG	Jugendgerichtsgesetz
LG	Landgericht
MRK	Europäische Menschenrechtskonvention
OLG	Oberlandgericht
OWiG	Ordnungswidrigkeitengesetz
RiStBV	Richtlinien für das Strafverfahren und das Bußgeldverfahren
RVG	Rechtsanwaltsvergütungsgesetz
StA	Staatsanwaltschaft
StGB	Strafgesetzbuch
StPO	Strafprozessordnung
str.	streitig
StrEG	Strafrechtsentschädigungsgesetz
StVollStrO	Strafvollstreckungsordnung
StVollzG	Strafvollzugsgesetz
VerfB	Verfassungsbeschwerde
VwGO	Verwaltungsgerichtsordnung
ZPO	Zivilprozessordnung

1 Einführung: Die Grundstrukturen des deutschen Strafprozessrechts

Der Strafverteidiger ist selbstständiges Organ und damit funktionaler Bestandteil der Strafrechtspflege. Es empfiehlt sich daher, zunächst einen Blick auf die Grundstrukturen des deutschen Strafprozessrechts zu werfen, innerhalb derer sich der Strafverteidiger bei der Erfüllung seiner Aufgaben bewegt.

1.1 Verfahrensgrundsätze

Die Verfahrensgrundsätze – auch Prozessmaximen genannt – garantieren die Rechtsstaatlichkeit des Strafverfahrens. Sie sind in der StPO verankert, werden aber auch aus dem GVG oder dem Grundgesetz selbst abgeleitet.

1.1.1 Unmittelbarkeitsgrundsatz

Der insbesondere in den §§ 226 Abs.1, 250, 261 StPO verankerte Grundsatz der Unmittelbarkeit gebietet die Erhebung der Beweise durch das erkennende Gericht.

In materieller Hinsicht bedeutet dies, dass zur Urteilsfindung das originäre Beweismittel heranzuziehen ist. Grundsätzlich ist daher der Zeuge persönlich zu hören und es kann nicht etwa seine schriftliche Erklärung verlesen werden, vgl. § 250 StPO. Auf der formellen Ebene führt dieser Grundsatz dazu, dass während des gesamten Prozesses die ununterbrochene Gegenwart der zur Urteilsfindung berufenen Personen erforderlich ist, § 226 StPO. Da folglich die gesamte Hauptverhandlung wiederholt werden muss, wenn ein Richter ausfällt, werden in umfangreichen Prozessen sogenannte Ergänzungsrichter bestellt, vgl. § 192 Abs. 2 GVG.

1.1.2 Offizialprinzip

Das Offizialprinzip bestimmt die Strafverfolgung zur Aufgabe des Staates. So muss die Staatsanwaltschaft, sobald sie Kenntnis von einer Straftat hat, grundsätzlich diese Tat von Amts wegen verfolgen. Ferner ist die Staatsanwaltschaft gemäß § 152 I StPO zur Erhebung der öffentlichen Klage berufen.

Eingeschränkt wird dieses Prinzip durch die Antragsdelikte. Dies sind Delikte, die nur aufgrund des Antrags des Verletzten von den Strafverfolgungsbehörden verfolgt werden, z.B. der Hausfriedensbruch gemäß § 123 StGB.

Die Privatklagedelikte bilden ebenfalls eine Ausnahme vom Offizialprinzip. Hierbei handelt es sich um Straftaten, die im Wege des Privatklageverfahrens gemäß §§ 374 ff. StPO verfolgt werden können, ohne dass vorher die Polizei oder die Staatsanwaltschaft beteiligt sein müssen. Hier fungiert letztlich der Verletzte als Ankläger. Den in § 374 StPO abschließend aufgezählten Privatklagedelikten ist gemein, dass sie aufgrund ihrer Geringfügigkeit das öffentliche Interesse nur in sehr eingeschränktem Umfang berühren (z. B. die Beleidigung gem. § 185 StGB).

1.1.3 Legalitätsprinzip

Dieses in den §§ 152 II, 170 I StPO verankerte Prinzip verpflichtet die Staatsanwaltschaft, wegen aller verfolgbaren Straftaten einzuschreiten, sofern zureichende Anhaltspunkte bestehen. Durchbrochen wird das Legalitätsprinzip von dem Opportunitätsprinzip. Hiernach kann die Staatsanwaltschaft das Verfahren gegebenenfalls einstellen, wenn nur eine geringe Schuld besteht oder schwerwiegendere Straftaten zu verfolgen sind, vgl. § 153 ff. StPO.

1.1.4 Untersuchungsgrundsatz

Der sich aus den §§ 160 I, II, 244 II StPO ergebende Untersuchungsgrundsatz – auch Amtsermittlungsgrundsatz genannt – gebietet die Aufklärung des Sachverhalts durch die Staatsanwaltschaft und das Gericht. Die beiden wichtigsten sich hieraus ergebenden Konsequenzen sind einerseits, dass ein – ggf. unwahres – Geständnis das Gericht nicht bindet und andererseits, dass die Aufklärung des Sachverhalts unabhängig von den eventuell gestellten Anträgen zu erfolgen hat.

1.1.5 Akkusationsprinzip

Das Akkusationsprinzip bestimmt, dass Anklage und Urteilsfindung durch verschiedene Organe wahrgenommen werden müssen, § 151 StPO. Umgangssprachlich findet es sich in der Redewendung „Wo kein Kläger, da kein Richter“ wieder.

1.1.6 Grundsatz der Mündlichkeit

Über das Ergebnis der Beweisaufnahme entscheidet nach § 261 StPO das Gericht nach seiner freien, aus dem Inbegriff der Verhandlung geschöpften Überzeugung. Somit darf als Urteilsgrundlage ausschließlich der ordnungsgemäß in die Hauptverhandlung eingeführte Stoff dienen. Da folglich der gesamte Prozessstoff mündlich besprochen sein muss, ordnet auch § 249 Abs. 1 StPO an, dass Urkunden und andere als Beweismittel dienende Schriftstücke – grundsätzlich – in der Hauptverhandlung verlesen werden müssen. Eine Verweisung auf Schriftsätze, wie dies beispielsweise im deutschen Zivilrecht möglich ist, darf nicht erfolgen.

Für die Arbeitsweise des Strafverteidigers bedeutet dies, dass im Vorfeld des Verfahrens – anders als im Zivilprozess oder im Verwaltungsgerichtsprozess – keine umfassenden Darstellungen in Schriftsatzform erfolgen müssen. Vielmehr ist der Verteidiger in erster Linie in der Hauptverhandlung gefordert darauf hin zu wirken, dass alle für seinen Mandanten günstigen Umstände auch tatsächlich zur Sprache kommen.

1.1.7 Grundsatz der Öffentlichkeit

Nach § 169 S. 1 GVG soll grundsätzlich jedermann entsprechend den räumlichen Möglichkeiten Zugang zur Hauptverhandlung haben. In den §§ 170 ff. GVG sind jedoch eine Reihe von Ausnahmen angeführt, insbesondere wenn der Schutz der Privat – und Intimsphäre vorrangig schützenswert ist.

1.1.8 Beschleunigungsgebot

Das Beschleunigungsgebot verlangt, dass das Strafverfahren innerhalb einer angemessenen Frist einer Entscheidung zuzuführen ist, so dass der Angeklagte zügig Klarheit über den Strafvorwurf erhält. Niedergelegt ist dieser Grundsatz in Art. 6 I MRK; im deutschen Recht folgt er direkt aus dem Rechtsstaatsprinzip des Art. 20 III GG.

Bedeutung erlangt das Beschleunigungsgebot zum einen während der Dauer der Untersuchungshaft. Zum anderen findet dieser Grundsatz seine Auswirkung in Form der Konzentrationsmaxime in der Hauptverhandlung. Da diese eine Einheit darstellt, sind die Unterbrechungsmöglichkeiten entsprechend kurz. Gemäß § 229 Abs. 1 StPO darf eine Hauptverhandlung grundsätzlich nur bis zu drei Wochen unterbrochen werden.

1.1.9 Grundsatz der freien richterlichen Beweiswürdigung

Gemäß § 261 StPO entscheidet das Gericht über das Ergebnis der Beweisaufnahme nach seiner freien, aus dem Inbegriff der Verhandlung geschöpften Überzeugung. Hieraus folgt, dass der Richter bei seiner Beweiswürdigung frei ist. Er ist somit hinsichtlich der Beurteilung von Schuld oder Unschuld des Angeklagten nicht an feste Beweisregeln gebunden, kann also z. B. dem einen Zeugen glauben, dem anderen Zeugen oder dem Angeklagten hingegen nicht.

Diese richterliche Freiheit findet jedoch ihre Grenzen in den Gesetzen der Logik, den allgemeingültigen Erfahrungssätzen des täglichen Lebens und den Erkenntnissen der Wissenschaft. Weiterhin schränken auch einige gesetzlich festgelegte Beweisregeln diesen Grundsatz ein. Erwähnt sei hier z. B. § 274 StPO, wonach die Beachtung der für die Hauptverhandlung vorgeschriebenen Förmlichkeiten nur durch das Protokoll bewiesen werden kann. Ebenso existieren sogenannte Beweisverwertungsverbote. Diese wurden von Rechtsprechung und Lehre entwickelt und verbieten, dass ein Strafurteil auf fehlerhafte Beweise gestützt wird.

Im Hinblick auf die Tätigkeit des Strafverteidigers ist auch auf folgende Begrenzung des Grundsatzes der freien richterlichen Beweiswürdigung hinzuweisen: Allein die Tatsache, dass bestimmte Rechte wahrgenommen werden können, darf nicht dazu führen, dass aus der Art und Weise der Wahrnehmung dieser Rechte nachteilige Konsequenzen für den Angeklagten abgeleitet werden. So darf z. B. aus dem Schweigen, zu dem der Angeklagte gemäß §§ 136 Abs. 1 S. 2, 163 a Abs. 3, 4, 243 Abs. 5 S. 1 StPO berechtigt ist, kein für ihn nachteiliger Schluss gezogen werden.

1.1.10 Anspruch auf rechtliches Gehör

Der Grundsatz des rechtlichen Gehörs ist in Art. 103 Abs. 1 GG verankert. Hiernach dürfen einer gerichtlichen Entscheidung nur solche Tatsachen zugrunde gelegt werden, zu denen der von der Entscheidung Betroffene zuvor Stellung nehmen konnte. Dieses Prinzip kommt in der StPO an zahlreichen Stellen zum Ausdruck.

Beispiele:

- Obligatorische Vernehmung des Beschuldigten im Ermittlungsverfahren, § 163 a StPO
- Das Recht zum Schlussvortrag und zum letzten Wort des Angeklagten, § 258 StPO
- Die Hinweispflicht des Gerichts für den Fall, dass es aufgrund eines anderen als des in der Anklage genannten Strafgesetzes verurteilen will, § 265 StPO

1.1.11 Grundsatz des gesetzlichen Richters

Der Grundsatz des gesetzlichen Richters fordert objektive Regelungen bezüglich der Zuständigkeit der Strafgerichte und erklärt Ausnahmegerichte für unzulässig, Art. 101 GG. Folglich muss sich der für die jeweilige Strafsache zuständige Richter möglichst eindeutig und im Vorhinein aufgrund abstrakt-genereller Kriterien bestimmen lassen. In der Praxis wird diesem Erfordernis unter anderem dadurch Rechnung getragen, dass zum einen jährlich die Festlegung der Geschäftsverteilung der Berufsrichter stattfindet und zum anderen im gleichen Turnus die Wahl bzw. Auslosung der Schöffen erfolgt.

1.1.12 in dubio pro reo

Der Grundsatz „in dubio pro reo“ (lat. → Übersetzung: „Im Zweifel für den Angeklagten“) besagt, dass die Unschuld des Angeklagten bis zum gesetzlichen Nachweis der Schuld vermutet wird. Er darf folglich nur dann verurteilt werden, wenn seine Schuld für den Richter zweifelsfrei feststeht.

Da es sich hierbei um einen zentralen Grundsatz des Beweisrechts handelt, ist er gerade für die Arbeitsweise des Strafverteidigers von großer Bedeutung. Eine denkbare Strategie ist es für ihn, in geeigneten Fällen im gesamten Strafverfahren Zweifel zu säen, sich gleichsam als Anwalt des Zweifels zu betätigen. Auch und gerade im Schlussplädoyer sollte der Verteidiger dem Gericht dann deutlich vor Augen halten, dass für eine Verurteilung nicht die Wahrscheinlichkeit der Tatbegehung ausreicht, sondern immer die subjektive Gewissheit des Richters von der objektiven Wahrheit erforderlich ist. Bei einer erfolgten Verurteilung ist allerdings zu beachten, dass der Grundsatz in dubio pro reo nicht schon verletzt ist, wenn der Richter aufgrund der im Urteil wiedergegebenen Beweiswürdigung Zweifel an der Tatbegehung durch den Angeklagten hätte haben müssen. Ein Verstoß ist vielmehr nur dann gegeben, wenn in den Urteilsgründen eine subjektiv-zweifelsfreie Gewissheit des Richters nicht enthalten ist oder dort sogar explizit die Ungewissheit zum Ausdruck kommt.

1.1.13 Grundsatz des fairen Verfahrens

Das Recht auf ein faires Strafverfahren (auch „fair-trial-Grundsatz“) ist Ausfluss des Rechtsstaatsprinzips. Letztlich handelt es sich hierbei um einen Auffangtatbestand zur Begründung gesetzlich nicht normierter Rechte und Pflichten der Verfahrensbeteiligten, auf den die Rechtsprechung in zunehmendem Maße zurückgreift. Besonders hervorzuheben sind folgende Ausprägungen dieses Gebotes: Zum einen ergibt sich aus dem fair-trial-Grundsatz das Recht des Angeklagten auf eine effektive Verteidigung durch einen Rechtsanwalt, zum anderen stützt sich hierauf auch der Grundsatz der Waffengleichheit von Staatsanwaltschaft und Beschuldigtem.

1.2 Der Gerichtsaufbau

Welches Gericht für die Verhandlung der jeweiligen Strafsache zuständig ist, wird durch die Regelungen der örtlichen und sachlichen Zuständigkeit geklärt.

1.2.1 Die örtliche Zuständigkeit

Die örtliche Zuständigkeit – auch Gerichtsstand genannt – richtet sich nach den §§ 7 ff. StPO. Hiernach ist prinzipiell das Gericht zuständig, in dessen Bezirk die Straftat begangen wurde (Gerichtsstand des Tatortes), § 7 Abs. 1 StPO. Weiterhin möglich sind aber beispielsweise auch der Gerichtsstand des Wohnsitzes, § 8 StPO, oder derjenige des Ergreifungsortes, § 9 StPO. Da folglich mehrere unterschiedliche Gerichtsstände aufeinander treffen können, gebührt grundsätzlich demjenigen Gericht der Vorrang, das die Untersuchung eröffnet hat, § 12 Abs. 1 StPO.

1.2.2 Die sachliche Zuständigkeit

Ob das Amts-, Land- oder Oberlandesgericht in erster Instanz zuständig ist, wird durch die Vorschriften über die sachliche Zuständigkeit geregelt. Ebenfalls klärt die sachliche Zuständigkeit die Frage, welcher Spruchkörper zuständig ist. Als Spruchkörper bezeichnet man die jeweiligen Organe, die Recht sprechen, z. B. den Einzelrichter oder das Schöffengericht. Ausschlaggebend für die sachliche Zuständigkeit ist die im konkreten Fall zu erwartende Strafdrohung.

Je nachdem, welches Gericht hiernach als Eingangsinstanz zuständig ist, steht dem Betreffenden dann entweder der dreigliedrige oder der zweigliedrige Instanzenzug offen.

1.2.2.1 Der dreigliedrige Instanzenzug

Bei leichteren Delikten ist der dreigliedrige Instanzenzug eröffnet. Eingangsinstanz ist hierbei das Amtsgericht.

Gemäß § 25 GVG entscheidet der Strafrichter als Einzelrichter bei Vergehen, die entweder im Wege der Privatklage verfolgt werden, oder bei denjenigen, bei denen keine höhere Strafe als zwei Jahre zu erwarten ist, wie beispielsweise der Ladendiebstahl oder die Trunkenheit im Verkehr. Handelt es sich hingegen bei den zu verhandelnden Delikten um Verbrechen oder Vergehen, bei denen die Straferwartung zwischen zwei und vier Jahren liegt, so ist das Schöffengericht zuständig, §§ 24, 28, 29 GVG. Dieses ist gem. § 29 Abs. 1 GVG grundsätzlich mit einem Berufsrichter und zwei ehrenamtlichen Richtern, den Schöffen, besetzt. Bei umfangreichen Sachen kann auf Antrag der Staatsanwaltschaft auch ein weiterer Berufsrichter hinzugezogen werden, § 29 Abs. 2 GVG (erweitertes Schöffengericht). Verbrechen sind rechtswidrige Taten, die im Mindestmaß mit Freiheitsstrafe von einem Jahr oder darüber bedroht sind. Taten, die im Mindestmaß mit einer geringeren Freiheitsstrafe oder mit Geldstrafe bedroht sind, sind Vergehen.

In allen vorgenannten Fällen entscheidet die kleine Strafkammer des Landgerichts als Berufungsinstanz, §§ 74 Abs. 3, 76 GVG. Auch die kleine Strafkammer ist mit einem Berufsrichter und 2 Schöffen besetzt, bei Berufungen gegen ein Urteil des erweiterten Schöffengerichts ist ein zweiter Berufsrichter hinzuzuziehen, § 76 Abs. 3 GVG.

Dritte Instanz ist hier das Oberlandesgericht als Revisionsinstanz gemäß § 121 Abs. 1 Nr. 1 b GVG. Spruchkörper ist hier der Senat, der mit drei Berufsrichtern besetzt ist, § 122 Abs. 1 GVG.

Nur ausnahmsweise ist das Landgericht in dem in Rede stehenden Bereich erstinstanzlich zuständig, nämlich wenn die Staatsanwaltschaft wegen der besonderen Schutzbedürftigkeit des Verletzten der Straftat, der als Zeuge in Betracht kommt, des besonderen Umfangs oder der besonderen Bedeutung des Falles Anklage beim Landgericht erhebt, § 24 Abs. 1 Nr. 3 GVG („bewegliche Zuständigkeit“).

1.2.2.2 Der zweigliedrige Instanzenzug

In allen anderen Fällen und somit bei schwereren Delikten ist der zweigliedrige Instanzenzug eröffnet.

Grundsätzlich ist hier das Landgericht die Eingangsinstanz: Bei einer Straferwartung von mehr als vier Jahren entscheidet die große Strafkammer gemäß §§ 74 Abs. 1, 76 GVG. Diese ist mit zwei Berufsrichtern und zwei Schöffen besetzt, §§ 76 Abs. 1, 2 GVG, wenn nicht der Umfang der Sache einen dritten Berufsrichter notwendig erscheinen lässt. Handelt es sich bei der zu verhandelnden Straftat allerdings um eine Katalogtat des § 74 Abs. 2 GVG, wie z. B. die Körperverletzung mit Todesfolge, so entscheidet die Strafkammer als Schwurgericht. Diese ist besetzt mit drei Berufsrichtern und zwei Schöffen.

Ausnahmsweise ist hier die Eingangsinstanz das Oberlandesgericht. Dies ist dann der Fall, wenn es sich um eine der in § 120 GVG aufgezählten Straftaten, wie z. B. Hochverrat, handelt. Der zuständige Senat des OLG entscheidet dann prinzipiell mit drei Berufsrichtern; nur dann, wenn wiederum der Umfang oder Schwierigkeitsgrad der Sache es als erforderlich erscheinen lassen, werden zwei weitere Berufsrichter hinzugezogen.

Innerhalb dieses Instanzenzuges gibt es keine Berufungsinstanz. Einzige Rechtsmittelinstanz ist die Revision. Zuständig hierfür ist dann der Strafsenat des BGH, der mit 5 Berufsrichtern besetzt ist, §§ 135 Abs. 1, 139 Abs. 1 GVG.

1.2.3 Die funktionelle Zuständigkeit

Unter dem Begriff der funktionellen Zuständigkeit werden alle Regelungen zusammengefasst, die unabdingbar sind, um den letztlich zur Entscheidung berufenen Spruchkörper individualisieren zu können, und die nicht durch die Regelungen der sachlichen oder örtlichen Zuständigkeit gelöst werden können. Daher betrifft diese Zuständigkeit in erster Linie die Frage, welcher Abteilung beim Amtsgericht, welcher Kammer beim Landgericht oder welchem Senat beim OLG oder BGH die betreffende Sache zugewiesen wird.

1.2.4 Jugendgerichte

Die Jugendgerichte sind sowohl bei den Amts- als auch bei den Landgerichten eingerichtet. Diese entscheiden über Verfehlungen Jugendlicher und Heranwachsender, §§ 33, 107 StPO. Jugendlicher ist, wer zur Zeit der Tat vierzehn, aber noch nicht achtzehn, Heranwachsender, wer zur Zeit der Tat achtzehn, aber noch nicht einundzwanzig Jahre alt ist, § 1 JGG.

Bei diesen Jugendgerichten handelt es sich um Spezialabteilungen der Amts- und Landgerichte. Die hier urteilenden Richter sollen erzieherisch befähigt und in Jugenderziehung erfahren sein, § 37 JGG. Der Jugendrichter ist gemäß § 39 Abs. 1 JGG zuständig, wenn lediglich Maßnahmen unterhalb der Jugendstrafe zu erwarten sind. Die zentrale Zuständigkeit in Jugendstrafverfahren liegt nach § 40 Abs. 1 JGG beim Jugendschöffengericht. Dieses entscheidet in allen Fällen, in denen weder Jugendrichter noch Jugendkammern zuständig sind. Die Jugendkammer ist als erkennendes Gericht des ersten Rechtszuges gemäß § 41 Abs. 1 JGG in den dort genannten gravierenden Fällen zuständig.

Im Prinzip unterscheidet sich die Verteidigung in Jugendstrafverfahren nicht von den Aufgaben des Strafverteidigers vor den allgemeinen Strafgerichten. Auch hier geht es darum, die Rechtsstaatlichkeit des Verfahrens zu wahren und sämtliche Entlastungsgesichtspunkte vorzutragen. Besonders kritisch sollte der Strafverteidiger jedoch staatliche Maßnahmen und Reaktionen überprüfen, wenn diese in auffälliger Weise den Erziehungsgedanken betonen und damit eine härtere Behandlung junger Straftäter rechtfertigen wollen. Nicht widersetzen sollte sich der Strafverteidiger hingegen, wenn in Jugendstrafverfahren die günstigere Interpretation des Erziehungsgedankens vertreten wird, nämlich diejenige von der „Erziehung statt Strafe".

1.2.5 Schaubild des Instanzenzuges

Zur Veranschaulichung des Instanzenzuges abschließend folgendes Schaubild:

(■ = Berufsrichter; □ = Schöffe)

Straferwartung	Eingangsinstanz	Berufungs-instanz	Revisions-instanz
Privatklage oder Vergehen mit Straferwartung ≤ 2 Jahre	■ (Einzelrichter/AG)	□■□ (kleine Straf-kammer/LG)	■■■ (Strafse-nat/OLG)
Vergehen und Verbrechen/ Straferwartung 2 bis 4 Jahre	□■(■)□ (Schöffengericht bzw. erweitertes Schöffengericht/AG)	□■(■)□ (kleine Straf-kammer/LG)	■■■ (Strafse-nat/OLG)
Straferwartung > 4 Jahre	□■■(■)□ (große Strafkammer LG)	-	■■■■■ (Strafsenat/ BGH)
Katalogtat des § 74 Abs. 2 GVG	□■■■□ (Strafkammer als Schwurgericht/ LG)	-	■■■■■ (Strafsenat/ BGH)
Straftat nach § 120 GVG	■■■(■■) (Strafsenat/ OLG)	-	■■■■■ (Strafse-nat/BGH)

1.3 Der Gang des Strafverfahrens

Das Strafverfahren wird in Gang gesetzt durch die Kenntniserlangung der Strafverfolgungsorgane von einer Tat (§§ 158 ff. StPO). Dies kann durch einen Strafantrag, durch die Anzeige einer Straftat oder aber auch durch eigene Wahrnehmung geschehen.

Im ersten Verfahrensabschnitt, dem sogenannten Vorverfahren oder Ermittlungsverfahren, prüft die Staatsanwaltschaft mit Hilfe der Polizei, ob ein hinreichender Tatverdacht gegen den Beschuldigten besteht. Kommt die Behörde zu dem Ergebnis, dass die Ermittlungen keinen genügenden Anlass zur Erhebung der öffentlichen Klage bieten, so stellt sie das Verfahren gemäß § 170 Abs. 2 StPO ein. Ebenfalls möglich ist eine Einstellung aus Gründen des Opportunitätsprinzips, §§ 153 ff. StPO. Andernfalls, wenn also die Staatsanwaltschaft einen hinreichenden Tatverdacht bejaht und auch nicht aus Opportunitätsgesichtspunkten einstellt, erhebt sie durch Einreichung einer Anklageschrift bei dem zuständigen Gericht die öffentliche Klage. Falls die Staatsanwaltschaft im amtsgerichtlichen Verfahren eine Hauptverhandlung nicht für erforderlich erachtet, so stellt sie gemäß § 407 StPO den Antrag, dass das Gericht die Rechtsfolgen der Tat durch schriftlichen Strafbefehl ohne Hauptverhandlung festsetzt.

Im Zwischenverfahren entscheidet das für die Hauptverhandlung zuständige Gericht darüber, ob das Hauptverfahren gegen den Angeschuldigten zu eröffnen ist oder nicht. Wenn nach den Ergebnissen des vorbereitenden Verfahrens der Angeschuldigte einer Straftat hinreichend verdächtig erscheint, beschließt das Gericht gemäß § 203 StPO die Eröffnung des Hauptverfahrens. Verneint das Gericht den hinreichenden Tatverdacht, so beschließt es gemäß § 204 StPO, das Hauptverfahren nicht zu eröffnen.

Das Kernstück des Hauptverfahrens ist die Hauptverhandlung (§§ 226 ff. StPO). In dieser prüft das Gericht, ob der Angeklagte einer Straftat schuldig ist. Bejahendenfalls kommt es zu einer Verurteilung, verneinendenfalls zu einem Freispruch.

Gegen ein Urteil gibt es die Rechtsmittel der Berufung (§§ 312 ff. StPO) und/oder der Revision (§§ 333 ff. StPO).

Die Strafvollstreckung kann erst beginnen, wenn ein Strafurteil rechtskräftig geworden ist (§§ 449 ff. StPO).

2 Die Verfahrensbeteiligten

In den verschiedenen Abschnitten des Strafverfahrens sind eine Vielzahl von Personen und Behörden beteiligt, die je nach Stand des Verfahrens unterschiedliche Funktionen erfüllen können und teilweise sogar divergierende Bezeichnungen tragen. Mit ihnen allen muss der Strafverteidiger in adäquater Weise kommunizieren.

2.1 Die Polizei

Die Polizei hat im deutschen Rechtssystem eine Doppelfunktion, d.h. ihr sind sowohl präventive als auch repressive Aufgaben zugewiesen. Präventiv-polizeiliches Handeln dient der Verhinderung von Straftaten und der Gefahrenabwehr und ist in den Polizeigesetzen der Bundesländer geregelt. Repressives Handeln der Polizei findet hingegen dort statt, wo sie strafbares oder ordnungswidriges Handeln erforscht. Maßgeblich hierbei sind die Vorschriften der StPO und des GVG. Das Strafverfahren betrifft ausschließlich diesen repressiven Bereich.

Grundsätzlich ist die Staatsanwaltschaft „Herrin des Vorverfahrens" und leitet die Ermittlungen, vgl. § 160 Abs. 1 StPO. Da sie aber über einen sehr geringen sachlichen und personellen Apparat verfügt, gestattet es ihr § 161 StPO, sich bei der Erfüllung ihrer Aufgaben der Behörden und Beamten des Polizeidienstes zu bedienen. Folglich spielt die Polizei im Vorverfahren eine gewichtige Rolle.

Differenziert wird hierbei nach sog. Ermittlungspersonen (früher: „Hilfsbeamte") und den übrigen Polizeibeamten. Ermittlungspersonen haben zwar gemäß § 152 Abs. 1 GVG allen Anordnungen der Staatsanwaltschaft Folge zu leisten, ihnen werden andererseits aber auch eine Reihe besonderer Befugnisse zugewiesen. Hierbei handelt es sich um die Anordnung von bestimmten strafprozessualen Maßnahmen, die die Rechte der Betroffenen in erheblicher Weise einschränken.

Beispiele:

- die Anordnung körperlicher Untersuchungen einschließlich der Blutentnahmen beim Beschuldigten gemäß § 81 a Abs. 2 StPO
- die Anordnung der Durchführung von Beschlagnahmen, § 98 Abs. 1 StPO, und Durchsuchungen, § 105 Abs. 1 S. 1 StPO

Alle diese Befugnisse stehen den Ermittlungspersonen aber nur zu bei „Gefahr im Verzug", d.h. wenn die Einholung der richterlichen Anordnung nicht oder nicht rechtzeitig möglich ist und dadurch die Besorgnis der Beweisverschlechterung besteht.

Wer Ermittlungsperson ist, wird aufgrund der Ermächtigung des § 152 Abs. 2 StPO landesrechtlich – zumeist in einer „Verordnung über die Ermittlungspersonen der Staatsanwaltschaft"- festgelegt.

Zu weniger einschneidenden Maßnahmen, z.B. der Identitätsfeststellung gem. § 163 b StPO oder der Vornahme erkennungsdienstlicher Maßnahmen gemäß §§ 81 b, 163 b Abs. 1 S. 3 StPO, sind die übrigen Polizeibeamten berufen. Auch sie sind nach § 161 Abs. 1 S. 2 StPO verpflichtet, dem Ersuchen der Staatsanwaltschaft zu entsprechen.

Die Polizei wird aber nicht ausschließlich aufgrund der Weisung der Staatsanwaltschaft repressiv tätig. Vielmehr kann und muss sie auch von sich aus tätig werden, wenn sie Kenntnis von einer Straftat erlangt, etwa durch eigene Wahrnehmung oder durch eine Strafanzeige. Man bezeichnet dies als Recht oder Pflicht des „Ersten Zugriffs".

2.2 Die Staatsanwaltschaft

Die Staatsanwaltschaft ist ein selbstständiges Organ der Rechtspflege.

2.2.1 Organisation und Weisungsgebundenheit der Staatsanwaltschaft

Die Staatsanwaltschaft ist parallel zum Aufbau der Gerichte organisiert und hierarchisch gegliedert.

Die Regelung bezüglich ihrer örtlichen Zuständigkeit findet sich in § 143 GVG. Diese Zuständigkeit wird durch die örtliche Zuständigkeit des Gerichts bestimmt, für das die Staatsanwaltschaft bestellt ist. Die sachliche Zuständigkeit ist in den §§ 141 bis 142 a GVG niedergelegt. Hiernach besteht auf Bundesebene parallel zum BGH die Bundesanwaltschaft, der der Generalbundesanwalt vorsteht. Auf Landesebene befinden sich zum einen die Generalstaatsanwälte beim OLG mit den ihnen unterstellten Staatsanwälten, zum anderen befindet sich auf der Ebene der Landgerichte ebenfalls eine Staatsanwaltschaft mit dem „Leitenden Oberstaatsanwalt" an der Spitze. Zudem existiert die Amtsanwaltschaft, § 142 Abs. 1 Nr. 3 GVG. Diese ist ausschließlich zuständig für Strafsachen, in denen der Strafrichter als Einzelrichter entscheidet.

Ausfluss dieses hierarchischen Aufbaus ist, dass die Beamten der Staatsanwaltschaft den dienstlichen Anweisungen ihres Vorgesetzten nachzukommen haben, § 146 GVG. Wem dabei das Recht der Weisung zusteht, regelt § 147 GVG. Zu beachten ist allerdings, dass dieses Recht seine Grenze findet im Legalitätsprinzip und den allgemeinen Gesetzen, z. B. in § 344 StGB (Verbot der Verfolgung Unschuldiger).

2.2.2 Die Aufgaben der Staatsanwaltschaft

Die Staatsanwaltschaft nimmt unterschiedliche Funktionen und Aufgaben wahr, je nachdem, in welchem Abschnitt des Strafverfahrens sie tätig wird.

2.2.2.1 Ermittlungsbehörde

Die Staatsanwaltschaft hat, sobald sie durch eine Anzeige oder auf anderem Wege von dem Verdacht einer Straftat Kenntnis erhält, den Sachverhalt - selbst oder durch die Polizei - zu erforschen, §§ 160 Abs. 1, 163 StPO. Dabei hat sie sowohl be- als auch entlastende Tatsachen zusammenzutragen, § 160 Abs. 2 StPO.

Zur Erfüllung dieser Aufgabe stehen der Staatsanwaltschaft eine Reihe von Befugnissen zur Verfügung, z.B. kann sie Zeugen und Sachverständige vernehmen, § 161 a StPO. Ferner stellt sie dann, wenn sie die Vornahme einer gerichtlichen Untersuchungshandlung für erforderlich hält, die entsprechenden Anträge bei dem zuständigen Amtsgericht, § 162 StPO. Hierunter fällt z.B. die Anordnung der Beschlagnahme nach § 94 ff. StPO oder der Untersuchungshaft nach § 112 StPO. Bei Gefahr im Verzug wird der Staatsanwaltschaft gesetzlich allerdings auch die Möglichkeit eingeräumt, bestimmte Zwangsmaßnahmen selbst anzuordnen, z.B. die Durchsuchung gemäß § 105 StPO.

2.2.2.2 Anklagebehörde

Mit dem Wechsel in das Zwischenverfahren bzw. Hauptverfahren nimmt die Staatsanwaltschaft die Position der Vertreterin der Anklage ein. Zur Anklageerhebung hat die Staatsanwaltschaft bereits die Anklageschrift verfasst. Diese verliest der Beamte der Staatsanwaltschaft dann auch in der Hauptverhandlung, § 243 Abs. 3 StPO. Während der gesamten Hauptverhandlung besteht für den Staatsanwalt zudem die ununterbrochene Anwesenheitspflicht, § 226 Abs. 1 StPO. Ihm steht in der Hauptverhandlung ferner ein Beweisantragsrecht, §§ 244 ff. StPO, und ein Fragerecht zu, § 240 Abs. 2 StPO. Am Ende der Hauptverhandlung hält er sein Plädoyer und stellt den Schlussantrag, § 258 Abs. 1 StPO. Als Anklagebehörde ist die Staatsanwaltschaft befähigt, Rechtsmittel einzulegen, auch zu Gunsten des Angeklagten, § 296 StPO.

2.2.2.3 Strafvollstreckungsbehörde

Gemäß § 451 StPO ist die Staatsanwaltschaft nach rechtskräftigem Abschluss des Hauptverfahrens Strafvollstreckungsbehörde. Sie überwacht folglich z. B. die Zahlung von Geldstrafen und lädt nach § 27 StVollStrO die verurteilte Person zum Strafantritt, wenn sie sich auf freiem Fuß befindet.

2.2.3 Ablehnung eines Staatsanwaltes

Der Staatsanwalt hat das Verfahren unparteiisch und objektiv zu betreiben. Falls er diesen Vorgaben nicht gerecht wird, stellt sich die Frage, ob eine Ablehnung wegen Befangenheit möglich ist. Eine gesetzliche Regelung findet sich hierzu nicht. Nach der überwiegend vertretenen Ansicht sind auch die für Richter geltenden §§ 22 ff. StPO nicht entsprechend anwendbar.

Der Strafverteidiger hat somit letztlich nur die Möglichkeit, bei dem Dienstvorgesetzten des betreffenden Staatsanwaltes zu beantragen, dass er einen anderen Staatsanwalt mit den betreffenden Aufgaben gemäß § 145 GVG betrauen soll. Gerichtlich durchsetzbar ist ein solcher Anspruch allerdings nicht.

2.3 Der Richter

Der Richter nimmt – entweder als Einzelrichter oder als Mitglied eines Spruchkörpers – Aufgaben der Rechtsprechung wahr. Auch er ist je nach Verfahrensabschnitt mit unterschiedlichen Aufgaben betraut.

2.3.1 Der Richter im Ermittlungsverfahren

Die Anordnung von Zwangsmaßnahmen im Ermittlungsverfahren erfolgt – außer in den Fällen der „Gefahr im Verzug“ – auf Antrag der Staatsanwaltschaft durch richterlichen Beschluss, § 162 StPO. Nach § 165 StPO hat der Ermittlungsrichter ausnahmsweise ohne Antrag die Befugnis, die erforderlichen Untersuchungshandlungen vorzunehmen, sogenannte „Richterliche Nothandlungen“.

Darüber hinaus wird der Richter in diesem Verfahrensabschnitt auch zu Beweissicherungszwecken eingeschaltet, etwa bei der Vernehmung des Beschuldigten oder eines Zeugen. Denn eine richterliche Vernehmung darf gemäß § 254 StPO im späteren Prozess verlesen werden. Auch für die Verlesung der Niederschrift von Zeugen und Sachverständigen existiert eine ähnliche Regelung, vgl. § 251 Abs. 2 StPO.

2.3.2 Der Richter im Zwischen- und Hauptverfahren

War im Vorverfahren noch die Staatsanwaltschaft „Herrin des Verfahrens“, so unterstehen das Zwischen- und Hauptverfahren nun dem Gericht. Im Zwischenverfahren überprüft das Gericht die Anklage und hat die Kompetenz, diese mit oder ohne Änderungen zuzulassen oder die Eröffnung des Hauptverfahrens abzulehnen. Das anschließende Hauptverfahren wird von dem jeweiligen Vorsitzenden geleitet.

2.3.3 Die Ausschließung und Ablehnung eines Richters

Das in Art. 101 Abs. 1 S. 2 GG verankerte Recht auf den gesetzlichen Richter gebietet die Unvoreingenommenheit des Richters. Dieses Recht betrifft sowohl den Berufs- als auch den Laienrichter (Schöffen). Für den Strafverteidiger ist von Bedeutung, wie zu verfahren ist, wenn die Möglichkeit der Verletzung dieses Rechtes besteht.

2.3.3.1 Die Ausschließung des Richters

Es gibt eine Reihe von Fallgruppen, in denen die Gefahr der Voreingenommenheit so nahe liegt, dass der Richter bereits **kraft Gesetzes** gemäß den §§ 22, 23 StPO ausgeschlossen ist. Dies sind die Fälle der eigenen und der beruflichen Betroffenheit sowie diejenigen des persönlichen Näheverhältnisses. Wird ein Richter dennoch tätig, liegt ein absoluter Revisionsgrund nach § 338 Nr. 2 StPO vor.

2.3.3.2 Die Ablehnung des Richters

Im Gegensatz zur Ausschließung eines Richters kann dessen Ablehnung nur aufgrund eines Antrags (Ablehnungsgesuch) erfolgen.

Ablehnungsgrund kann zum einen das Vorliegen eines Ausschließungsgrundes nach den §§ 22, 23 StPO sein. Zwar tritt der Ausschluss grundsätzlich kraft Gesetzes ein, es besteht jedoch bei Nichtbeachtung die Möglichkeit, das Gericht durch diesen Antrag zu verpflichten, über diese Frage zu entscheiden. Der betreffende Gerichtsbeschluss hat dann ausschließlich feststellende Bedeutung.

Zum anderen kann das Gesuch aber auch auf die Besorgnis der Befangenheit gestützt werden, § 24 Abs. 1 Alt. 2 StPO. Eine Ablehnung findet hiernach statt, wenn ein Grund vorliegt, der geeignet ist, Misstrauen gegen die

Unparteilichkeit des Richters zu rechtfertigen, § 24 Abs. 2 StPO. Dabei hat die Beurteilung grundsätzlich aus der Perspektive eines durchschnittlichen Beobachters zu erfolgen, der sich in die Rolle des Angeklagten versetzt (objektivierte Empfängerperspektive). Eine Hauptfallgruppe ist hier diejenige der Spannungen zwischen dem Gericht und dem Beschuldigten, z. B. wenn ein Richter sich unsachgemäß gegenüber dem Angeklagten äußert. Hervorzuheben ist ferner die Fallgruppe der Spannungen zwischen dem Gericht und dem Verteidiger. Dies wird von der Rechtsprechung zumeist als Befangenheitsgrund abgelehnt. Zur Begründung wird unter anderem angeführt, dass ein „vernünftiger" Angeklagter nicht ohne weiteres von den Spannungen zwischen seinem Verteidiger und dem Richter auf eine Voreingenommenheit ihm selbst gegenüber schließen könne.

Verfahrensrechtlich erfolgt die Ablehnung folgendermaßen:

Das Ablehnungsgesuch ist bei dem Gericht, dem der Richter angehört, anzubringen, § 26 Abs. 1 StPO. Berechtigt hierzu sind nach § 24 Abs. 3 S. 1 StPO der Beschuldigte, die Staatsanwaltschaft und auch der Privatkläger. Eine Frist hierzu besteht nur für den Grund der „Besorgnis der Befangenheit", nämlich nach § 25 Abs. 1 StPO bis zum Beginn der Vernehmung des ersten Angeklagten, falls der Grund bis zu diesem Zeitpunkt bereits bekannt ist. Ergibt sich der Befangenheitsgrund erst später, muss der Antrag unverzüglich nach Bekanntwerden gestellt werden, § 25 Abs. 2 StPO. Das Verfahren regeln dann die Vorschriften der §§ 26 bis 31 StPO. Zuständig ist hierbei das Gericht, dem der Abgelehnte angehört, allerdings ohne dessen Mitwirkung. Rechtsmittel gegen einen ablehnenden Beschluss ist die sofortige Beschwerde, § 28 Abs. 2 StPO, allerdings dann, wenn ein erkennender Richter betroffen ist, nur zusammen mit dem Urteil. Zudem ist im Falle eines Verstoßes ein absoluter Revisionsgrund gegeben, § 338 Nr. 2 StPO.

Verteidigungshinweise:

Bei einem Ablehnungsantrag wegen Befangenheit eines Richters ist zu beachten, dass die Ablehnung einer Kammer als Ganzes nach ständiger Rechtsprechung unzulässig ist. In derartigen Fällen müssen also sämtliche Richter einer Kammer namentlich und einzeln in dem Ablehnungsantrag aufgeführt werden. Zu bedenken ist bei Befangenheitsanträgen auch, dass ein abgelehnter Richter vor Erledigung des Ablehnungsantrages nach § 29 Abs. 1 StPO grundsätzlich noch Handlungen vornehmen darf, die keinen Aufschub dulden. Solche dringlichen Handlungen sind etwa die Erhebung von Beweisen, deren Verlust droht; die Bestimmung eines Fortsetzungstermins; unaufschiebbare Haftentscheidungen; die Vernehmung von Zeugen und Sachverständigen, die erst nach geraumer Zeit wieder geladen werden können.

2.4 Der Beschuldigte

Im deutschen Strafprozessrecht wird derjenige, gegen den das Strafverfahren betrieben wird, je nach Verfahrenslage unterschiedlich bezeichnet.

- Als **Verdächtigter** wird eine Person bezeichnet, gegen die der Anfangsverdacht einer Straftat besteht.
- Wird nun gegen diesen das Ermittlungsverfahren betrieben, wird er zum **Beschuldigten.**
- Wird das Ermittlungsverfahren durch Erhebung der Anklage beendet, wird der Beschuldigte zum **Angeschuldigten**, § 157 StPO.
- Dieser wiederum wird, wenn gegen ihn die Eröffnung des Hauptverfahrens beschlossen ist, zum **Angeklagten**, § 157 StPO.

Dem Beschuldigten (bzw. Angeschuldigten oder Angeklagten) stehen eine Reihe von Rechten und Pflichten zu. Sie werden in diesem Buch grundsätzlich im Rahmen des jeweiligen Sachzusammenhangs erörtert. Einige seien jedoch an dieser Stelle – auch vor dem Hintergrund der Arbeit des Strafverteidigers - bereits besonders herausgegriffen.

2.4.1 Die Rechte des Beschuldigten

Dem Beschuldigten muss die Möglichkeit gegeben werden, zur Wahrung seiner Rechte auf den Gang und auch auf das Ergebnis des Strafverfahrens Einfluss zu nehmen. Denn er ist nicht Objekt des Verfahrens, sondern vielmehr Subjekt.

2.4.1.1 Das Recht auf Verteidigung

Nach § 137 Abs. 1 S. 1 StPO steht dem Beschuldigten in jeder Lage des Verfahrens das Recht zu, sich eines Verteidigers zu bedienen. Wenn eine solche Mitwirkung notwendig ist, muss das Gericht sogar einen Verteidiger bestellen, und zwar unabhängig davon, ob dies dem Willen des Beschuldigten entspricht oder nicht. Diese sogenannte Pflichtverteidigung ist in den §§ 140 ff. StPO geregelt. Dem Beschuldigten steht es hierbei jedoch frei, einen Rechtsanwalt seines Vertrauens zu wählen.

Die Pflicht zur Belehrung über das Recht auf Verteidigerkonsultation gebietet es nach der Rechtsprechung nicht, den Beschuldigten, der keinen Wunsch auf Zuziehung eines Verteidigers äußert, auf einen vorhandenen Strafverteidigernotdienst hinzuweisen.

2.4.1.2 Der Anspruch auf rechtliches Gehör

Der Anspruch auf rechtliches Gehör (Art. 103 I GG) gibt dem Beschuldigten das Recht, seinen Standpunkt in ausreichender und sachgerechter Weise darzulegen. Ihm muss daher die Möglichkeit eingeräumt werden, sich gegen den Tatvorwurf zu wehren und auf das Ermittlungsergebnis Einfluss zu nehmen. Als Konsequenz ergibt sich hieraus, dass ein für ihn nachteiliges Ermittlungsergebnis nur dann einer Entscheidung zugrundegelegt werden kann, wenn der Beschuldigte zuvor Gelegenheit hatte, sich hierzu zu äußern, vgl. bereits § 33 Abs. 1, 3 StPO. Der Anspruch auf rechtliches Gehör ist in der deutschen Strafprozessordnung an zahlreichen Stellen verankert, z.B. in §§ 136 Abs. 1 S. 1, 201 Abs. 1, 258 Abs. 1, 2, 265 StPO.

2.4.1.3 Das Recht auf Aussageverweigerung

Nach dem Grundsatz „nemo tenetur se ipsum accusare" (niemand ist verpflichtet, sich selbst anzuklagen) steht es dem Beschuldigten frei, ob er sich zur Sache einlässt oder nicht. Nach §§ 136 Abs. 1 S. 2, 163a Abs. 3 S. 2 StPO ist er bei seiner Vernehmung auch über dieses Recht auf Aussagefreiheit zu belehren.

Äußert sich der Beschuldigte zur Sache, besteht für ihn sodann nicht die Verpflichtung, wahrheitsgemäße Angaben zu machen. Es ist allerdings zu beachten, dass er sich mit bestimmten Aussagen strafbar machen könnte.

Beispiele:

- Vortäuschung einer Straftat, § 145 d StGB
- falsche Verdächtigung, § 164 StGB
- Beleidigungsdelikte, §§ 185 ff. StGB

2.4.1.4 Die Anwesenheitsrechte

Weiterhin stehen dem Beschuldigten während des Verfahrens Anwesenheitsrechte zu. So ist ihm nach § 168 c Abs. 2 StPO die Anwesenheit bei der richterlichen Vernehmung eines Zeugen oder Sachverständigen gestattet. Dies ist Ausdruck der bereits dargestellten Waffengleichheit von Anklage und Beschuldigtem. Zudem bestimmt § 230 Abs. 1 StPO, dass gegen einen ausgebliebenen Angeklagten die Hauptverhandlung nicht stattfindet. Diese Vorschrift beinhaltet folglich sowohl eine Anwesenheitspflicht als auch ein Anwesenheitsrecht.

Eine **Ausnahme** hiervon ist nur in eng begrenzten Fällen möglich:

Beispiele:

- Hauptverhandlung ohne den Angeklagten bei vorsätzlich herbeigeführter Verhandlungsunfähigkeit, § 231 a StPO
- Verhandlung nach Entfernung des Angeklagten aus dem Sitzungszimmer aufgrund ordnungswidrigen Benehmens, § 231 b StPO

2.4.1.5 Die Antragsrechte

Die Frage- und Beweisantragsrechte des Beschuldigten finden sich in den §§ 240, 244 StPO.

2.4.2 Die Pflichten des Beschuldigten

Den Beschuldigten treffen während des Strafverfahrens allerdings auch eine Reihe von Pflichten.

2.4.2.1 Die Pflicht zum Erscheinen

Der Beschuldigte ist zwar nicht verpflichtet, vor der Polizei zu erscheinen. Anders verhält es sich jedoch gemäß § 133 StPO bei dem Ermittlungsrichter und gemäß § 163 a Abs. 3 S. 2 StPO bei der Staatsanwaltschaft. Erscheint der Beschuldigte hier nicht, kann er gemäß §§ 134, 135 StPO (eventuell i. V. m. § 163 a Abs. 3 S. 2 StPO) zwangsweise vorgeführt werden. Auch trifft ihn – wie soeben schon erwähnt – die Pflicht, in der Hauptverhandlung anwesend zu sein, § 230 StPO. Bei einem Zuwiderhandeln besteht hier ebenfalls die Möglichkeit, dass eine zwangsweise Vorführung angeordnet wird; zudem kann auch ein Haftbefehl erlassen werden, § 230 Abs. 2 StPO.

2.4.2.2 Die Pflicht zur Duldung von Zwangsmaßnahmen

Eine Verpflichtung des Angeklagten, sich aktiv am Strafverfahren zu beteiligen, besteht nicht. Andererseits muss er aber einige Zwangsmaßnahmen passiv dulden. So ist nach § 58 Abs. 2 StPO eine Gegenüberstellung im Vorverfahren mit ihm zulässig, wenn sie für das weitere Verfahren geboten erscheint. Zudem kann unter den Voraussetzungen der §§ 112 ff. StPO auch die Untersuchungshaft gegen den Beschuldigten angeordnet werden.

2.4.2.3 Die Identitätsfeststellung

Der Beschuldigte muss zutreffende und vollständige Angaben zu seiner Person, seiner Wohnanschrift und zu seinem Beruf machen. Tut er dies nicht, können die Polizei oder die Staatsanwaltschaft die zur Feststellung seiner Identität erforderlichen Maßnahmen treffen, § 163 b StPO. Zudem kommt ein Verstoß i. S.d. § 111 OWiG in Betracht.

2.5 Der Verteidiger

Der Beschuldigte kann sich gemäß § 137 Abs. 1 StPO in jeder Lage des Verfahrens eines Verteidigers bedienen. Dies können sowohl Rechtsanwälte als auch Rechtslehrer deutscher Hochschulen sein, § 138 Abs. 1 StPO. Es empfiehlt sich für den Beschuldigten, einen Fachanwalt für Strafrecht mit seiner Verteidigung zu beauftragen. Ein solcher hat im Bereich des Straf- und Strafprozessrechts eine spezielle, zusätzliche Prüfung abgelegt sowie seine praktische Erfahrung durch eine Vielzahl an Fällen und Hauptverhandlungen nachgewiesen. Zudem ist er verpflichtet, sich in dem genannten Bereich regelmäßig fortzubilden.

2.5.1 Die Stellung des Verteidigers

Der Verteidiger befindet sich hinsichtlich seiner Stellung im Strafverfahren in einem Spannungsverhältnis.

So ist er nach der Rechtsprechung und der herrschenden Literaturmeinung ein unabhängiges, selbstständiges Organ der Rechtspflege (vgl. § 1 BRAO), das dem Gericht und der Staatsanwaltschaft gleich geordnet ist. Er nimmt damit zumindest auch öffentliche Interessen wahr und ist der Wahrheitsfindung verpflichtet.

Er ist jedoch auch Beistand des Beschuldigten. Durch ihn soll die „Waffengleichheit" zwischen den staatlichen Strafverfolgungsbehörden und dem Beschuldigten hergestellt werden. Im Rahmen der Gesetze ist er somit dem Interesse seines Mandanten verpflichtet.

Vertreter des Beschuldigten ist er hingegen nicht. Nur in einigen gesetzlich geregelten Fällen ist ausnahmsweise eine Vertretung möglich:

Beispiele:

- bei Zustellungen an den Verteidiger, § 145 a StPO
- bei Hauptverhandlungen, die ausnahmsweise in Abwesenheit des Angeklagten stattfinden, § 234 StPO
- im Rahmen der Rechtsmitteleinlegung, §§ 297, 302 Abs. 2 StPO

Der Verteidiger handelt selbstständig und auf eigene Verantwortung. Bei seiner Verteidigungsstrategie und der Wahrnehmung seiner Verfahrensrechte ist er grundsätzlich nicht an Weisungen des Beschuldigten gebunden. So kann er z. B. gegen den Willen seines Mandanten Beweisanträge stellen oder auf Freispruch plädieren. Selbstverständlich empfiehlt es sich jedoch im Sinne einer effektiven Verteidigung, sich mit dem Beschuldigten über die Vornahme oder Unterlassung der prozessualen Handlungen zu besprechen.

Eine Verschuldenszurechnung findet im Rahmen der Strafverteidigung in der Regel ebenfalls nicht statt. Denn in der StPO existiert keine dem § 85 II ZPO entsprechende Norm. Nach dieser Norm steht im Zivilprozess das Verschulden des Bevollmächtigten dem Verschulden der Partei gleich. Im Strafprozess hingegen kann z.B. eine schuldhafte Fristversäumung durch den Verteidiger dem Beschuldigten nicht zugerechnet werden. Etwas anderes gilt nur dann, wenn der Rechtsanwalt für den Privatkläger, den Nebenkläger oder den Antragsteller im Klageerzwingungsverfahren nach § 172 II StPO handelt. Denn bei diesen handelt es sich ja im Gegensatz zum Beschuldigten um Verfahrensbeteiligte, die sich nicht gegen einen Schuldvorwurf verteidigen.

2.5.2 Die Wahlverteidigung

Bei der Wahlverteidigung entschließt sich der Beschuldigte, sich eines Beistands zu bedienen. Er schließt dann mit dem betreffenden Rechtsanwalt einen privatrechtlichen Vertrag, der in der Regel ein Geschäftsbesorgungsvertrag im Sinne des § 675 BGB sein wird.

Grundsätzlich erfolgt die Vergütung dabei nach RVG. Es kann jedoch auch eine Vergütungsvereinbarung abgeschlossen werden. In dieser kann entweder ein Pauschalhonorar für einzelne Abschnitte oder für das gesamte Verfahren vereinbart werden oder es wird eine Berechnung auf Stundenbasis bestimmt. Trotz dieser Bezahlung durch den Mandanten bleibt der Strafverteidiger von diesem in seinem Tun unabhängig.

Eine besondere Form für die Beauftragung des Wahlverteidigers ist nicht vorgesehen. So schreibt das Gesetz – außer in wenigen Einzelfällen – die Vorlage einer schriftlichen Vollmachtsurkunde durch den Verteidiger nicht vor. Es reicht vielmehr die anwaltliche Versicherung ordnungsgemäßer Bevollmächtigung grundsätzlich aus, insbesondere um Akteneinsicht zu nehmen oder Stellungnahmen abzugeben. Demgegenüber verlangen sowohl § 51 Abs. 3 OWiG als auch § 145 a Abs. 1 StPO, dass nur der gewählte Verteidiger, dessen Vollmacht sich bei den Akten befindet, als ermächtigt gilt, für den Beschuldigten Zustellungen in Empfang zu nehmen.

Da Zustellungen oftmals Fristen in Gang setzen, ist es ratsam, sich bereits bei Abschluss des Mandatsvertrages eine schriftliche Vollmacht erteilen zu lassen. Hinzuweisen ist in diesem Zusammenhang allerdings darauf, dass § 145 a Abs. 1 StPO zwar zu Zustellungen an den Verteidiger ermächtigt, andererseits aber keine Rechtspflicht begründet, Zustellungen für den Beschuldigten immer an den Verteidiger zu bewirken. Vielmehr sind auch Zustellungen einzig und allein an den Beschuldigten wirksam und setzen gegebenenfalls Rechtsmittelfristen in Gang. Der Mandant sollte deshalb explizit darauf hingewiesen werden, dass er sich immer, wenn er Schreiben der Strafverfolgungsbehörden oder des Gerichts erhält, mit seinem Anwalt in Verbindung setzen sollte.

Eine umfassende Vollmacht des Verteidigers ist beispielhaft die folgende:

Dr. B. Währung
Rechtsanwalt

STRAFPROZESSVOLLMACHT

Herrn Rechtsanwalt Dr. B. Währung in Bochum, Krümmede 1, wird hiermit Vollmacht erteilt in der Strafsache

gegen ______________________________

wegen ______________________________

zu meiner Verteidigung bzw. Vertretung in allen Instanzen, auch bei meiner Abwesenheit. Die Vollmacht gewährt unter Anerkennung aller gesetzlichen Befugnisse nach der Strafprozessordnung das Recht

1. Strafantrag, Privat-, Nebenklage zu stellen bzw. zu erheben und zurückzunehmen
2. in öffentlichen Sitzungen aufzutreten
3. in allen Instanzen als Verteidiger und Vertreter zu handeln (für den Fall der Abwesenheit auch zur Vertretung nach § 411 Abs. 2 StPO)
4. Untervollmacht - auch im Sinne des § 139 StPO - zu erteilen
5. Rechtsmittel einzulegen, zurückzunehmen oder auf solche zu verzichten
6. Anträge auf Wiedereinsetzung, Wiederaufnahme des Verfahrens, Haftentlassung, Strafaussetzung, Kostenfestsetzung und andere Anträge zu stellen und zurückzunehmen
7. Zustellungen aller Art, namentlich auch solche von Beschlüssen, Urteilen und Ladungen mit rechtlicher Wirkung in Empfang zu nehmen

8. Gelder, Wertsachen, Kosten, Bußgeldzahlungen, Kautionen etc. mit rechtlicher Wirkung in Empfang zu nehmen und Quittungen zu erteilen
9. den Antrag auf Entbindung von der Verpflichtung zum Erscheinen in der Hauptverhandlung zu stellen und zurückzunehmen
10. die Vertretung im Verfahren nach dem Gesetz über die Entschädigung für die Strafverfolgungsmaßnahmen durchzuführen

___________, den _______ ___________________

Unterschrift

2.5.3 Die Pflichtverteidigung

Nach § 140 StPO ist dem Beschuldigten in den Fällen der **notwendigen Verteidigung** ein Pflichtverteidiger zu bestellen. Dies hat nach § 141 Abs. 1 StPO von Amts wegen zu erfolgen, wenn der Beschuldigte nicht über einen von ihm gewählten Verteidiger verfügt. Jedoch soll vor einer solchen Bestellung dem Beschuldigten Gelegenheit gegeben werden, innerhalb einer bestimmten Frist einen Verteidiger seiner Wahl zu benennen.

Wenn der Beschuldigte einen Verteidiger seiner Wahl benannt hat, dann wird dieser vom Gerichtsvorsitzenden bestellt, wenn kein wichtiger Grund entgegensteht, § 142 Abs. 1 StPO. Zwar hat der Beschuldigte keinen Anspruch auf Bestellung des von ihm vorgeschlagenen Wahlverteidigers; er kann eine etwaige Ablehnung jedoch im Beschwerdeverfahren nach § 304 StPO anfechten.

2.5.3.1 Zeitpunkt der Pflichtverteidigerbestellung

In zeitlicher Hinsicht erfolgt die Bestellung eines Pflichtverteidigers grundsätzlich erst nach Aufforderung zur Erklärung über die Anklageschrift, folglich im Zwischenverfahren.

Nach § 141 Abs. 3 StPO kann auch schon im Vorverfahren eine solche Bestellung erfolgen, allerdings nur auf Antrag der Staatsanwaltschaft. Ausnahmsweise besteht hier ein Anspruch auf Pflichtverteidigerbestellung, wenn im Vorverfahren eine Untersuchungshaft oder eine einstweilige Unterbringung angeordnet worden ist.

Der Begriff der „notwendigen Verteidigung"

Wann eine notwendige Verteidigung vorliegt, ergibt sich in erster Linie aus § 140 StPO. In dieser Vorschrift sind folgende Fallgruppen genannt, die allein aufgrund des prozessualen Sachverhalts eine Verteidigung erforderlich werden lassen:

Fallgruppen des § 140 Abs. 1 StPO:

- Die Hauptverhandlung findet im ersten Rechtszug vor dem Oberlandesgericht oder dem Landgericht statt.
- Dem Beschuldigten wird ein Verbrechen zur Last gelegt.
- Das Verfahren kann zu einem Berufsverbot führen.
- Der Beschuldigte befindet sich in Untersuchungshaft oder in einstweiliger Unterbringung.
- Der Beschuldigte soll zur Erstellung eines psychiatrischen Gutachtens nach § 81 StPO untergebracht werden.
- Gegen den Beschuldigten soll ein sog. Sicherungsverfahren (§§ 413 ff. StPO) durchgeführt werden.
- Der bisherige Verteidiger wird durch eine Entscheidung von der Mitwirkung in dem Verfahren ausgeschlossen.

Daneben existiert der **Auffangtatbestand des § 140 Abs. 2 StPO** für Vergehenssachen vor dem Amtsgericht und dem Berufungsgericht. Hiernach ist auf Antrag oder von Amts wegen durch den Gerichtsvorsitzenden ein Verteidiger zu bestellen, wenn wegen der Schwere der Tat oder wegen der Schwierigkeit der Sach- oder Rechtslage die Mitwirkung eines Verteidigers geboten erscheint oder wenn ersichtlich ist, dass sich der Beschuldigte nicht selbst verteidigen kann.

Fallgruppen des § 140 Abs. 2 StPO:

- Die Schwere der Tat beurteilt sich nach dem zu erwartenden Strafmaß; eine Straferwartung von einem Jahr Freiheitsstrafe ist in der Regel Anlass zur Beiordnung eines Verteidigers.
- Ein Fall der Schwierigkeit der Sach- oder Rechtslage ist z.B. gegeben, wenn in einem länger dauernden Verfahren zahlreiche Zeugen zu vernehmen sind. Auch die Fälle der Berufung der Staatsanwaltschaft gegen ein freisprechendes Urteil können hierunter fallen.
- Die Unfähigkeit, sich selbst zu verteidigen, ist nach den geistigen Fähigkeiten des Angeklagten, seinem Gesundheitszustand und nach den sonstigen Umständen des Falles zu bestimmen. Sie kann z. B. bejaht werden, wenn er unter gesetzlicher Betreuung steht.

Für den Verteidiger ist es manchmal eine schwierige Gratwanderung, um in diesem Bereich eine Beiordnung durch das Gericht zu erreichen. Er darf einerseits naturgemäß seinen Mandanten nicht unnötig belasten, muss aber andererseits möglichst alle für diesen denkbaren negativen Folgen dem Gericht als realistisch darlegen. Hier ist Fingerspitzengefühl, durchaus aber auch Kreativität und Phantasie gefragt.

Für Jugendstrafsachen finden sich die Regelungen zur Bestellung eines notwendigen Verteidigers in § 68 JGG. Diese Vorschrift erweitert die Möglichkeiten der Beiordnung. Ansonsten gilt auch hier, dass besonders im Hinblick auf eine Darstellung der Verteidigungsunfähigkeit des Jugendlichen gegenüber dem Gericht Kreativität und Menschenkenntnis häufig zum Erfolg führt.

Beispiel:

Der Jugendliche ist Ersttäter und ihm wird lediglich eine gefährliche Körperverletzung zur Last gelegt. Durch Nachfragen bei den Eltern stellt sich jedoch heraus, dass dieser Jugendliche jahrelang eine Schule für geistig behinderte Kinder besucht hat. Genau dies ist gegenüber dem Gericht darzulegen.

2.5.3.2 Die Vergütung des Pflichtverteidigers

Im Gegensatz zum Wahlverteidiger wird der Pflichtverteidiger von der Staatskasse bezahlt. Da die Gebühren dabei reduziert sind, kann gegebenenfalls eine Vereinbarung hinsichtlich einer zusätzlichen Vergütung mit dem Beschuldigten getroffen werden. Dies hat der Pflichtverteidiger der Staatskasse anzuzeigen. Erhält der Rechtsanwalt hierdurch mehr als den doppelten Betrag der Pflichtverteidigergebühr, muss er sich den überschüssigen Betrag von der Staatskasse anrechnen lassen, § 58 Abs. 3 RVG.

Wird der Angeklagte verurteilt, so werden ihm in der Regel die Kosten des Verfahrens auferlegt. Dies hat zur Folge, dass die Staatskasse die von ihr verauslagten Pflichtverteidigergebühren von dem Verurteilten zurückfordert. Zudem kann im Falle einer Verurteilung der Pflichtverteidiger nach § 52 Abs. 1, 2 RVG die Feststellung der Zahlungsfähigkeit seines Mandanten beantragen. Wird diesem Antrag stattgegeben, schuldet der Verurteilte dem Pflichtverteidiger die höheren Gebühren des Wahlverteidigers.

Im Verfahren gegen Jugendliche kann gem. § 74 JGG davon abgesehen werden, dem Angeklagten Kosten und Auflagen aufzuerlegen.

2.5.3.3 Der Wechsel von der Wahl- zur Pflichtverteidigung

Da der Pflichtverteidiger sicher seine Gebühren von der Staatskasse erhält, ist es für den Verteidiger von Vorteil, wenn er dem Beschuldigten bzw. Angeklagten, der ihn zunächst als Wahlverteidiger mandatiert hat, als Pflichtverteidiger beigeordnet wird. Hierzu legt der Wahlverteidiger das Mandat nieder unter der Bedingung, dass er zum Pflichtverteidiger bestellt wird. Nicht automatisch, sondern erst durch den gerichtlichen Beiordnungsbeschluss erlangt der Verteidiger einen Gebührenanspruch gegen die Staatskasse.

2.5.4 Die Rechte des Verteidigers

Zur Wahrnehmung seiner Aufgaben wird dem Verteidiger eine Reihe von Rechten eingeräumt. So hat er ein eigenes Beweisantragsrecht sowie das Recht, Fragen an den Angeklagten, die Zeugen und den Sachverständigen zu stellen. Zudem steht ihm ein sogenanntes Äußerungsrecht zu, d. h. er kann sich in jeder Lage des Verfahrens für den Beschuldigten äußern. Auch ist er berechtigt, für den Beschuldigten Rechtsmittel einzulegen, § 297 StPO, jedoch nicht gegen dessen Willen.

Darüber hinaus stehen ihm auch folgende Rechte zu:

2.5.4.1 Das Kontaktrecht

Zu den unabdingbaren Voraussetzungen einer vertrauensvollen Verteidigung gehört der ungehinderte Kontakt zwischen Verteidiger und Beschuldigtem. Daher gestattet ihnen § 148 Abs. 1 StPO den freien, nicht überwachten schriftlichen und mündlichen Verkehr, unabhängig davon, ob sich der Beschuldigte auf freiem Fuß befindet oder ob er inhaftiert ist. Als Konsequenz hieraus untersagt auch § 97 Abs. 1 Nr. 1 StPO die Beschlagnahme von Verteidigerunterlagen. Eingeschränkt wird dieses Kontaktrecht nur durch die §§ 148 Abs. 2, 148 a StPO, nämlich dann, wenn Gegenstand des Verfahrens die Untersuchung einer Straftat nach § 129 a StGB (Bildung terroristischer Vereinigungen) oder nach § 129 b StGB (Kriminelle und terroristische Vereinigungen im Ausland) ist.

2.5.4.2 Das Akteneinsichtsrecht

Dem Beschuldigten, der keinen Verteidiger hat, können nur in beschränktem Umfang Auskünfte und Abschriften aus den Akten erteilt werden, § 147 VII StPO. Der Verteidiger hingegen ist befugt, die Akten, die dem Gericht vorliegen oder im Falle der Anklageerhebung vorzulegen wären, einzusehen, § 147 Abs. 1 StPO. Nur im Ermittlungsverfahren kann ihm dies versagt werden, wenn dies den Untersuchungszweck gefährden könnte, § 147 Abs. 2 StPO.

Nach dem Abschluss der Ermittlungen im Sinne des § 169 a StPO darf das Akteneinsichtsrecht gar nicht mehr beschränkt werden. Die aus den Akten erlangten Erkenntnisse kann der Strafverteidiger an seinen Mandanten weitergeben, entweder durch mündliche Unterrichtung oder durch Aushändigung von Kopien des Akteninhalts.

2.5.4.3 Die Anwesenheitsrechte

In bestimmten Fällen hat der Verteidiger bei **Ermittlungsmaßnahmen** ein Anwesenheitsrecht:

Ermittlungsmaßnahme	Anwesenheitsrecht des Verteidigers?
Richterliche Vernehmung des Beschuldigten	Ja, § 168 c Abs. 1 StPO
Vernehmung des Beschuldigten durch den Staatsanwalt	Ja, §§ 163 Abs. 3 S. 2, 168 c Abs. 1 StPO
Polizeiliche Vernehmung des Beschuldigten	Nein **aber:** Verteidiger kann ggf. seine Anwesenheit erzwingen, indem er darauf hinwirkt, dass der Beschuldigte nur Angaben macht, wenn seine Anwesenheit gestattet wird
Vernehmung eines Sachverständigen	Durch Polizei: nein Durch Staatsanwaltschaft: nein Durch Richter: ja, § 168 c Abs. 2 StPO
Vernehmung eines Zeugen	Durch Polizei: nein Durch Staatsanwaltschaft: nein Durch Richter: ja, § 168 c Abs. 2 StPO
Vernehmung eines Mitbeschuldigten	Durch Polizei: nein Durch Staatsanwaltschaft: nein Durch Richter: str.
Augenscheinseinnahme	Ja, § 168 d StPO
Durchsuchung beim Beschuldigten	Kein AnwesenheitsR, jedoch kann ihm die Anwesenheit gestattet werden
Gegenüberstellung	Nein

In der **Hauptverhandlung** hat der Verteidiger ein uneingeschränktes Anwesenheitsrecht. Dies darf selbst bei ungebührlichem Verhalten nicht unterlaufen werden. Denn § 177 GVG erlaubt weder eine Entfernung noch die Verhängung von Ordnungshaft gegen ihn.

2.5.4.4 Das Recht auf eigene Ermittlungen

Dem Verteidiger steht ein eigenes Ermittlungsrecht zu. So kann er z. B. Zeugen ermitteln und befragen oder Sachverständigengutachten einholen, solange er nicht in unzulässiger Weise auf Beweismittel einwirkt.

2.5.5 Die Pflichten des Verteidigers

Den Verteidiger trifft aber auch eine Reihe von Pflichten:

↓ Pflichten gegenüber dem Mandanten	↓ Pflichten gegenüber anderen Beteiligten
• Geltendmachung aller zugunsten des Mandanten sprechender tatsächlicher und rechtlicher Gesichtspunkte	• Wahrheitspflicht
• Treuepflicht	• Respektierung der Funktionstüchtigkeit der Rechtspflege in ihrem Kernbereich
• Verschwiegenheitspflicht, § 203 StGB	

2.5.6 Die Beachtung strafrechtlicher Vorschriften

Der Verteidiger befindet sich bei seiner Arbeit häufig in einem Grenzbereich zwischen erlaubtem und strafbarem Tun.

2.5.6.1 Die Strafvereitelung, § 258 StGB

Nach § 258 StGB macht sich strafbar, wer absichtlich oder wissentlich ganz oder zum Teil vereitelt, dass ein anderer dem Strafgesetz gemäß wegen einer rechtswidrigen Tat bestraft wird. Gerade der Strafverteidiger kommt oftmals in Situationen, in denen er sich die Frage stellen muss, ob sein Handeln dieser Vorschrift unterfällt. So wird er dem Beschuldigten z.B. erläutern, dass nahe Angehörige ein Zeugnisverweigerungsrecht nach § 52 StGB haben. Der Verteidiger wird gegebenenfalls sogar den Zeugen bitten, von seinem Zeugnisverweigerungsrecht Gebrauch zu machen.

Solange er sich hierbei der Mittel bedient, die prozessual zulässig sind, kommt eine Strafvereitelung nicht in Betracht. Denn wenn - wie in dem Beispiel aufgeführt - der Zeuge tatsächlich ein Zeugnisverweigerungsrecht hat, so kann er hiervon auch Gebrauch machen. Wird er nun durch den Strafverteidiger dazu veranlasst, die ihm gesetzlich verbürgten Rechte auch geltend zu machen, so ist dies grundsätzlich rechtmäßig. Etwas anderes wäre es hingegen, wenn der Verteidiger sich hierbei unerlaubter Mittel bedient, z. B. einer arglistigen Täuschung.

Plakativ ausgedrückt bedeutet dies, dass das, was jeder Mensch darf, auch dem Verteidiger zustehen muss. Begrenzt wird sein Handeln in erster Linie durch die ihm obliegende Wahrheitspflicht. Er darf den Sachverhalt nicht aktiv verdunkeln oder verzerren. Darüber hinaus darf er selbstverständlich keine Beweismittel beseitigen oder verfälschen, ebenso wenig darf er gefälschte Beweismittel verwenden. Kein Fall der Strafvereitelung liegt hingegen vor, wenn er auf Freispruch plädiert, obwohl ihm der Angeklagte die Tat gestanden hat.

2.5.6.2 Die Geldwäsche, § 261 StGB

Auch der weitgefasste Tatbestand der Geldwäsche, § 261 StGB, stellt ein Risiko für das Handeln des Strafverteidigers dar. Nimmt er ein Honorar an, von dem er definitiv weiß, dass dieses aus einer Straftat stammt, macht er sich selbst strafbar. Die Rechtsprechung des Bundesverfassungsgerichts hat hier unter Berücksichtigung des Grundrechts der Berufsfreiheit des Art. 12 GG eine Privilegierung des Strafverteidigers dahingehend geschaffen, dass die Strafbarkeit eines Strafverteidigers nur dann gegeben ist, wenn er bei der Annahme inkriminierten Geldes sichere Kenntnis von der Herkunft des Honorars aus einer Katalogtat des § 261 Abs. 1 StGB hat.

2.5.7 Verbot der Mehrfachverteidigung

Nach § 146 StPO kann ein Verteidiger nicht gleichzeitig mehrere derselben Tat Beschuldigte verteidigen; ebenso wenig ist es ihm erlaubt, in einem Verfahren gleichzeitig mehrere verschiedener Taten Beschuldigte zu verteidigen. Durch diese Vorschrift soll der Beschuldigte davor bewahrt werden, dass sein Verteidiger in einen Interessenwiderstreit gerät, wodurch seine Funktion als Beistand beeinträchtigt würde. Dieses Verbot gilt in allen Verfahrensabschnitten.

Darüber hinaus ist es in einem solchen Fall auch nicht möglich, dass mehrere Beschuldigte von mehreren Verteidigern einer Berufsausübungs- oder Bürogemeinschaft gleich welcher Rechts- oder Organisationsform vertreten werden. Dies folgt nunmehr aus § 3 Abs. 2 BORA, der Ausdruck des Verbots der Vertretung widerstreitender Interessen ist.

2.5.8 Der Ausschluss der Verteidigung

Wird der Verteidiger ausgeschlossen, bedeutet dies einen Eingriff in seine Berufsausübungsfreiheit nach Art. 12 GG ebenso wie in das Recht des Beschuldigten auf Verteidigung. Daher werden die **Fälle der Ausschließung** in den §§ 138 a, 138 b StPO abschließend geregelt:

- Dringender Verdacht der Beteiligung an Straftaten des Beschuldigten, § 138 Nr. 1, 3 StPO
- Dringender Verdacht des Missbrauchs des Verkehrs mit inhaftiertem Beschuldigten zur Begehung von Straftaten oder zur erheblichen Gefährdung der Sicherheit einer Vollzugsanstalt, § 138 Nr. 2 StPO
- Begründete Annahme, dass bei Verfahren gegen die äußere Sicherheit die Mitwirkung des Verteidigers eine Gefahr für die Sicherheit der Bundesrepublik Deutschland herbeiführen würde

Eine erfolgte Ausschließung kann aber auch wieder aufgehoben werden, vgl. § 138 a Abs. 3 StPO. Zuständig für die Ausschließung – und auch für eine eventuelle Aufhebung der Ausschließung - ist nach § 138 c StPO grundsätzlich das OLG, ausnahmsweise der BGH. Der Ablauf eines solchen Verfahrens findet seine gesetzliche Regelung in § 138 d StPO.

3 Strafverteidigung im Ermittlungsverfahren

Das Ermittlungsverfahren kommt in Gang, wenn ein Anfangsverdacht besteht. Ein solcher ist dann gegeben, wenn es nach kriminalistischer Erfahrung zumindest möglich ist, dass eine verfolgbare Straftat vorliegt. Außerdienstlich erlangtes Wissen verpflichtet in diesem Zusammenhang nach überwiegender Ansicht den Staatsanwalt nur dann zur Strafverfolgung, wenn die Straftat wegen ihres Unrechtsgehalts in besonderem Maße Belange der Allgemeinheit berührt.

3.1 Erster Zugriff

Wenn sich der Verdacht der Begehung einer Straftat ergibt, dann haben die Polizeibehörden gemäß § 163 Abs. 1 StPO das Recht und die Pflicht des ersten Zugriffs. Nach § 163 Abs. 2 StPO müssen sie unverzüglich die Staatsanwaltschaft einschalten.

In der Praxis ist es allerdings insbesondere bei leichteren Delikten oftmals so, dass die Staatsanwaltschaft von ihrer Funktion als Herrin des Vorverfahrens keinen Gebrauch macht, sie vielmehr die Polizei die Ermittlungen selbstständig bis zur Anklagereife durchführen lässt und sich dann den Abschlussbericht der Polizei zu Eigen macht.

3.2 Zwangsmaßnahmen im Ermittlungsverfahren

Zur Erforschung des Sachverhaltes und somit zur Erhebung aller be- und entlastenden Beweise stellt die Strafprozessordnung den Ermittlungsbehörden neben der Vernehmung des Beschuldigten eine Vielzahl an grundrechtsrelevanten Zwangsmitteln zur Verfügung.

Zu beachten ist hier, dass die Anordnungsbefugnis für die jeweilige Zwangsmaßnahme je nach Intensität des Rechtseingriffs entweder der Polizei in ihrer Funktion als Ermittlungsbeamte der Staatsanwaltschaft, der Staatsanwaltschaft selbst oder dem Gericht zusteht. Je stärker sich der Rechtseingriff für den Betroffenen darstellt, desto mehr verlagert sich die Anordnungskompetenz zum Richter hin. Bisweilen steht diese der Polizei oder der Staatsanwaltschaft nur bei Gefahr im Verzug zu. Bei allen Zwangsmaßnahem ist - wie stets bei Grundrechtseingriffen - als ungeschriebene Voraussetzung der Verhältnismäßigkeitsgrundsatz zu beachten. Im Einzelnen handelt es sich um folgende Zwangsmittel:

(Polizei (P); Staatsanwaltschaft(StA); Gericht (G) / Gefahr in Verzug (GiV))

Zwangsmittel	Zuständigkeit
• Einrichtung von Kontrollstellen, § 111 StPO	→ P (GiV), StA (GiV), G
• Ausschreibung zur Festnahme, §§ 131 ff. StPO	→ P (GiV), StA, G
• Schleppnetzfahndung, § 163 d StPO	→ P (GiV), StA (GiV), G
• Rasterfahndung, §§ 98 a, 98 b StPO	→StA (GiV), G
• Ausschreibung zur polizeilichen Beobachtung, § 163 e StPO	→ StA (GiV), G
• Längerfristige Observation, § 163 f StPO	→ P (GiV), StA (GiV), G
• Überwachung der Telekommunikation, §§ 100 a, 100 b, 100 g, 100 i StPO	→ StA (GiV), G
• Einsatz technischer Mittel, §§ 100 c-f, 100 h StPO	→ §§100 c-e: G → § 100 f: StA (GiV), G → § 100 h: P, StA, G
• Datenabgleich, § 98 c StPO	→ P, StA, G
• Einsatz verdeckter Ermittler, §§ 110 a ff. StPO	→ StA; teilw. Zustimmung d. G erforderlich (100 b II)
• Identitätsfeststellung, § 163 b, 163 c StPO	→ § 163 b: P, StA → § 163 c: unverzügliche Vorführung vor Richter
• Durchsuchung, § 102 ff. StPO	→ P (GiV), StA (GiV), G → § 103 I 2: StA (GiV), G
• vorläufige Festnahme, §§ 127, 127 b StPO	→ P, StA
• Unterbringung zur Beobachtung des Beschuldigten, § 81 StPO	→ G
• Körperliche Untersuchung, Blutprobe, § 81 a StPO	→ P (GiV), StA (GiV), G
• DNA-Analyse, §§ 81 e, f StPO	→ P (GiV), StA (GiV), G
• DNA-Identitätsfeststellung, § 81 g StPO	→ P (GiV), StA (GiV), G
• Reihengentests, § 81 h StPO	→ G
• Lichtbilder und Fingerabdrücke, § 81 b StPO	→ P, StA
• Untersuchung anderer Personen, § 81 c StPO	→ grds. G; bei Gefährdung des Untersuchungszwecks: P, StA
• Sicherstellung (Beschlagnahme), §§ 94 ff. StPO; § 111 b StPO	→ G, StA (GiV), P (GiV)

Einige Zwangsmittel sind gerade für die Arbeit des Verteidigers von besonderer Bedeutung. Die wichtigsten sollen daher im Folgenden ausführlicher besprochen werden. Welche Konsequenzen sich aus einem fehlerhaften Verhalten der Strafverfolgungsbehörden bei der Vornahme der Zwangsmaßnahmen ergeben, soll einem weiteren Kapitel vorbehalten bleiben.

3.2.1 Die Durchsuchung

In der Praxis relativ häufig sieht sich der Verteidiger mit der Situation konfrontiert, dass er die Frage der Rechtmäßigkeit einer erfolgten Durchsuchung beurteilen soll. Unter einer Durchsuchung ist das gezielte Suchen nach Personen, Beweismitteln oder Gegenständen, die als Einziehungs- oder Verfallsobjekte in Betracht kommen, zu verstehen. Dabei können Wohnungen und andere Räumlichkeiten ebenso Objekt der Durchsuchung sein wie auch bewegliche Sachen oder Personen. Das Verfahren wird in § 105 StPO geregelt.

Das Gesetz unterscheidet zwischen der **Durchsuchung beim Verdächtigen, § 102 StPO**, und **der Durchsuchung bei anderen Personen, § 103 StPO:**

- Eine **Durchsuchung beim Verdächtigen** kann sowohl zum Zweck seiner Ergreifung (sog. Ergreifungsdurchsuchung) als auch dann vorgenommen werden, wenn zu vermuten ist, dass die Durchsuchung zur Auffindung von Beweismitteln führen wird (sog. Ermittlungsdurchsuchung). Dabei genügt, dass die **Vermutung** besteht, dass die Maßnahme zur Auffindung des Verdächtigen oder der betreffenden Beweismittel erforderlich ist. Bei der Durchsuchung der Person ist sowohl die Untersuchung **am** Körper als auch die Untersuchung der sich am Körper befindlichen Kleidung von § 102 StPO erfasst. Nicht unter diese Vorschrift fällt hingegen die Untersuchung **im** Körper; diese muss sich vielmehr an den strengeren Anforderungen der §§ 81 a ff. StPO messen lassen.

- Im Rahmen des **§ 103 StPO** ist hingegen die Ergreifungsdurchsuchung ausschließlich zur Ergreifung des Beschuldigten zulässig; die Möglichkeit der Ermittlungsdurchsuchung ist auf das Auffinden **bestimmter** Gegenstände und Spuren beschränkt. Auch die Personendurchsuchung wird nach h. M. von dieser Vorschrift erfasst. Es genügt jedoch nicht wie bei § 102 StPO eine Vermutung, sondern es müssen **konkrete Tatsachen** vorliegen, dass die Durchsuchung den angestrebten Zweck erfüllen wird.

Probleme im Rahmen der §§ 102 ff. StPO:

1. §§ 102 ff. StPO enthalten keine Durchsuchungsverbote, jedoch ist die Durchsuchung nach erkennbar beschlagnahmefreien Gegenständen (§ 97 StPO) nicht zulässig.
2. Werden bei einer Durchsuchung Gegenstände aufgefunden, die zwar in keiner Beziehung zu der Untersuchung stehen, aber auf die Verübung einer anderen Straftat hindeuten (sog. Zufallsfunde), so können sie einstweilen in Beschlag genommen werden (§ 108 StPO).
3. Grundsätzlich zuständig für die Anordnung der Durchsuchung ist der Richter. Nur bei Gefahr im Verzug kann diese Anordnung auch von der Staatsanwaltschaft oder deren Ermittlungspersonen getroffen werden. Die Anforderungen zur Bejahung der Gefahr im Verzug sind sehr hoch. Es muss zumindest erkennbar der Versuch unternommen worden sein, den Richter zu erreichen. Wurde hiergegen verstoßen, so ist äußerst umstritten, ob die gewonnenen Beweismittel verwertbar sind.

3.2.1.1 Verteidigungshinweise

- Auf Durchsuchungsbeschlüsse sollte niemals mit Hektik und vorschnellen Erklärungen reagiert werden. Befürchtet der Verteidiger eine bevorstehende Durchsuchungsmaßnahme (z.B. weil ein wiederholter Akteneinsichtsantrag nicht beantwortet wurde), so sollte er unmittelbaren Kontakt zur Staatsanwaltschaft aufnehmen. Eventuell kann er so noch mit dem Signal einer begrenzten Kooperationsbereitschaft eine Durchsuchung vermeiden. Auch kann der Verteidiger der Staatsanwaltschaft zu erkennen geben, dass sein Mandant durchaus mit einer Durchsuchung rechnet und somit der Überraschungseffekt entfällt.

- Besonders beachtet werden muss, dass die Durchsuchungsmaßnahmen leider manchmal von den Ermittlungsbehörden genutzt werden, um unmittelbar an Ort und Stelle vom Beschuldigten, Familienmitgliedern oder Mitarbeitern in leutseligen und scheinbar beiläufigen Gesprächen Informationen zu erlangen. Der Verteidiger muss dem Beschuldigten klar machen, dass er in jeder Lage des Verfahrens das Recht zu schweigen hat und dass aus diesem Schweigen keinerlei negative Schlüsse gezogen werden dürfen. Viele Mandanten, die unvermittelt durch Staatsanwälte und Kriminalbeamte mit strafrechtlichen Vorwürfen konfrontiert werden, unterliegen dem psychologisch verständlichen Impuls, sofort und direkt alles klarstellen und widerlegen zu wollen. Deshalb ist der Mandant von seinem Verteidiger unmissverständlich darauf aufmerksam zu machen, dass alle seine Erklärungen anlässlich der Durchsuchung gegenüber den anwesenden Beamten Gegenstand der Akten werden, weil die Ermittlungsbeamten Notizen und Vermerke erstellen. Selbst Äußerungen des Beschuldigten ohne Belehrung über seine Aussagefreiheit können unter Umständen in eine spätere Hauptverhandlung eingeführt werden, da ein Verwertungsverbot nicht für sogenannte Spontanäußerungen gilt. Insbesondere bei der Durchsuchung von Geschäftsräumen sollte der Verteidiger daher die Kontakte der Ermittlungsbeamten mit dem Beschuldigten und seinen Angehörigen unbedingt kontrollieren. Für die Angestellten gilt, dass sie gegenüber der Polizei nicht verpflichtet sind, Angaben zu machen, und dass sie darüber hinaus stets eine förmliche Ladung zu einem bestimmten Termin verlangen können.

- Besteht der Gegenstand der Untersuchung in einer zeitlich und örtlich bestimmbaren Geschäftsbeziehung, so sind lediglich die diese Geschäftsbeziehung betreffenden Unterlagen beweiserheblich. Eine Sicherstellung aller Unterlagen über den Schriftverkehr mit der gesamten Kundschaft würde daher den Grundsatz der Verhältnismäßigkeit verletzen. Der Beschuldigte sollte deshalb die entsprechenden Dokumente aussondern und vorlegen, um damit den Abschluss der Durchsuchung zu erreichen.

- Eine Beschwerde gegen den Durchsuchungsbeschluss hat dann Aussicht auf Erfolg, wenn dieser zu unbestimmt ist. Denn an Durchsuchungsbeschlüsse sind wegen des schwerwiegenden Eingriffs in Artikel 13 Abs. 1 GG rechtsstaatliche Mindestanforderungen zu stellen. In ständiger Rechtsprechung verlangt das Bundesverfassungsgericht, dass der Ermittlungsrichter von vornherein für eine angemessene Begrenzung der Zwangsmaßnahme Sorge zu tragen hat und durch eine geeignete Formulierung des Durchsuchungsbeschlusses im Rahmen des Möglichen und Zumutbaren sicherzustellen hat, dass der Eingriff in die Grundrechte messbar und kontrollierbar bleibt. Ungenügend ist deshalb ein Beschluss, der lediglich eine abstrakte Beschreibung vornimmt, ohne den konkreten Lebenssachverhalt zu beschreiben und ohne darzulegen, auf welchen Handlungen ein Tatverdacht beruht. Ferner ist ein Beschluss auch dann unzureichend, wenn diesem eine zeitliche Begrenzung fehlt und auf diese Weise die Möglichkeit eröffnet, sämtliche Geschäftsunterlagen zu beschlagnahmen. Eine flächendeckende Durchsuchung und Sicherstellung nach dem „Staubsaugerprinzip" oder auch die gezielte Suche nach Zufallsfunden ist jedoch genau das, was der Gesetzgeber und die höchstrichterliche Rechtsprechung vermeiden wollen.

- Überdies ist darauf zu achten, dass der Mandant einen Anspruch darauf hat, ein Verzeichnis über die sichergestellten bzw. beschlagnahmten Gegenstände zu erhalten (§ 107 StPO). Hierbei sind pauschale Bezeichnungen wie „Schriftverkehr" unzulässig. Das Verzeichnis muss vielmehr eine exakte Identifizierung der mitgenommenen Gegenstände ermöglichen.

- Das Ende der Durchsuchung muss dem Beschuldigten bekannt gegeben werden. Danach ist die Durchsuchungsanordnung „verbraucht". Ein Rückkehren der Durchsuchungsbeamten würde jetzt einen neuen Durchsuchungsbeschluss voraussetzen.

3.2.2 Die körperliche Untersuchung und die Blutprobe des Beschuldigten, § 81 a StPO

Abzugrenzen von der Durchsuchung ist die körperliche Untersuchung nach § 81 a StPO. Im Gegensatz zur Durchsuchung liegt eine körperliche Untersuchung zumindest dann vor, wenn **im Körper** nach Gegenständen gesucht wird. Darüber hinaus gestattet diese Vorschrift insgesamt die zwangsweise körperliche Untersuchung des Beschuldigten zur Feststellung von Tatsachen, die für das Verfahren von Bedeutung sind. Daher sind Entnahmen von Blutproben und andere körperliche Eingriffe, die von einem Arzt nach den Regeln der ärztlichen Kunst zu Untersuchungszwecken vorgenommen werden, ohne Einwilligung des Beschuldigten zulässig, wenn kein Nachteil für dessen Gesundheit zu befürchten ist, § 81 a Abs. 1 S. 2 StPO. Dabei ist jedoch nach dem BVerfG der Verhältnismäßigkeitsgrundsatz in besonderem Maße zu beachten. Zudem besteht für den Beschuldigten lediglich eine Duldungs- nicht jedoch eine Mitwirkungspflicht, was für ihn zum Beispiel bedeuten kann, dass er zwar die angeordnete Blutentnahme hinnehmen muss, nicht jedoch dazu verpflichtet ist, im Rahmen eines Alkoholtests in ein Prüfröhrchen zu pusten.

Als zulässige Eingriffe werden die Computer-Tomographie, die Hirnstromuntersuchung, die Erstellung eines EKGs zur Prüfung der Herztätigkeit oder auch eine Röntgenaufnahme angesehen. Ebenfalls von § 81 a StPO erfasst wird das Auspumpen des Mageninhalts. Andere Maßnahmen wie zum Beispiel die zwangsweise Verabreichung von Brech- und Abführmitteln sind hingegen äußerst umstritten.

3.2.3 Die Untersuchung anderer Personen, § 81 c StPO

Soll eine Untersuchung an Dritten stattfinden, so ist § 81 a StPO einschlägig. Dieser ist wesentlich enger gefasst als § 81 a StPO. So dürfen nur solche Personen ohne ihre Einwilligung untersucht werden, die als Zeugen in Betracht kommen, § 81 c Abs. 1 StPO. Allerdings haben diese Personen dann, wenn ihnen ein Zeugnisverweigerungsrecht nach § 52 StPO zusteht, auch ein Untersuchungsverweigerungsrecht, § 81 c Abs. 3 S. 1 StPO.

Auch ist von dieser Ermächtigungsgrundlage nur eine Untersuchung am und nicht im Körper erfasst.

3.2.4 Die Unterbringung zur Beobachtung des Beschuldigten, § 81 StPO

Nach § 81 StPO kann das Gericht nach Anhörung eines Sachverständigen und des Verteidigers anordnen, dass zur Vorbereitung eines Gutachtens über den psychischen Zustand des Beschuldigten dieser in ein öffentliches psychiatrisches Krankenhaus gebracht und dort beobachtet wird. Ziel eines solchen Gutachtens ist zumeist die Klärung der Frage der Verhandlungsfähigkeit oder der Schuldfähigkeit. Eine dem § 81 StPO vergleichbare Vorschrift findet sich zudem in § 73 JGG, der eine solche Unterbringung zulässt mit dem Ziel der Beurteilung des Entwicklungsstandes des Jugendlichen bzw. Heranwachsenden.

Die Anordnung der Unterbringung zur Beobachtung darf jedoch höchstens für einen Zeitraum von 6 Wochen erfolgen, § 81 Abs. 5 StPO. Eine solche Anordnung kann nur dann ergehen, wenn der Beschuldigte dringend tatverdächtig ist, § 81 Abs. 2 S. 1 StPO. Ferner muss die Anordnung unter Beachtung des Verhältnismäßigkeitsgrundsatzes ergehen, § 81 Abs. 2 S. 2 StPO. Unverhältnismäßig wäre die Anordnung daher zum Beispiel, wenn die Unterbringung für den Beschuldigten schwerer wiegen würde als die Strafe, die er für die begangene Tat zu erwarten hätte, oder auch dann, wenn der Beschuldigte die erforderliche Zusammenarbeit mit dem psychiatrischen Sachverständigen verweigern würde.

3.2.5 Lichtbilder und Fingerabdrücke

Lichtbilder und Fingerabdrücke des Beschuldigten dürfen auch gegen seinen Willen aufgenommen sowie Messungen und ähnliche Maßnahmen an ihm vorgenommen werden, wenn es für die Zwecke der Durchführung des Strafverfahrens (also repressiv) oder für die Zwecke des Erkennungsdienstes (somit präventiv) notwendig ist, § 81 b StPO. Aufgrund dieser doppelten Zielsetzung der Vorschrift ist auch der Rechtsschutz hiergegen unterschiedlich ausgestaltet. Handelt es sich um eine erkennungsdienstliche Maßnahme, so ist der Verwaltungsrechtsweg nach § 40 VwGO zu beschreiten. Handelt es sich hingegen um eine repressive Maßnahme, so ist nach der vorherrschenden Ansicht analog § 98 Abs. 2 StPO vorzugehen.

3.2.6 Die DNA-Analyse, die DNA-Identitätsfeststellung und die Speicherung von DNA-Identifizierungsmustern

Die §§ 81 e ff. StPO regeln die Möglichkeit der Durchführung der DNA-Analyse. Sie dient der Identifikation - oder dem Ausschluss - des Verursachers von Spuren wie etwa Hautpartikeln oder Haaren. Dies geschieht durch gentechnische Untersuchung und Vergleich der vorgefundenen Spuren mit Körpermaterialien des Beschuldigten.

Innerhalb der §§ 81 e ff. StPO ist folgendermaßen zu unterscheiden:

§§ 81 e, 81 f StPO	§ 81 g StPO	§ 81 h StPO
↓	↓	↓
Molekulargenetische Untersuchungen im **anhängigen** Strafverfahren	Molekulargenetische Untersuchungen in **zukünftigen** Strafverfahren (DNA-Identitätsfeststellung)	Durchführung von Reihengentests (= Massentests)

Im Rahmen des § 81 e StPO kann das Körpermaterial des Beschuldigten zum einen durch eine Maßnahme nach § 81 a StPO erlangt worden sein. Zum anderen ist es aber auch möglich, dass die Entnahme ausschließlich zum Zwecke der DNA-Analyse erfolgt.

Handelt es sich bei dem anhängigen Verfahren um eine Straftat von erheblicher Bedeutung oder um eine Straftat gegen die sexuelle Selbstbestimmung oder handelt es sich um die wiederholte Begehung sonstiger Straftaten, so können dem Beschuldigten zur Identitätsfeststellung in künftigen Strafverfahren Körperzellen entnommen werden und diese zur Feststellung des DNA-Identifizierungsmusters sowie des Geschlechts molekulargenetisch untersucht werden, § 81 g Abs. 1 StPO. Zusätzliche Voraussetzung ist eine Negativprognose, d.h. dass eine Wiederholungsgefahr hinsichtlich der betreffenden Straftat vorliegt. Hier ist der Verhältnismäßigkeitsgrundsatz in besonderem Maße zu beachten.

3.2.7 Die Reihengentests

Die Frage der Zulässigkeit von **freiwilligen** Reihengentests – auch Massengentests oder DNA-Reihenuntersuchung genannt - wird von § 81 h StPO geregelt. In Betracht kommen diese nur bei bestimmten schweren Straftaten wie Tötungs- oder Sexualdelikten.

Bei diesen Reihengentests wird eine größere Personengruppe aufgefordert, sich einem Gentest zu unterziehen, da die betreffenden Personen bestimmte und auf den Täter vermutlich zutreffende Personenmerkmale erfüllen. Mit schriftlicher Einwilligung werden diesen Personen sodann Körperzellen – zumeist in Form eines Speicheltests – entnommen, diese zur Feststellung des DNA-Identifizierungsmusters und des Geschlechts molekulargenetisch untersucht und die sodann gewonnene DNA mit der als Spur gesicherten DNA verglichen. Liegt keine Übereinstimmung vor, so müssen die Proben und auch die hieraus gewonnenen Daten vernichtet werden.

Ob ein solcher Reihengentest auch zwangsweise erfolgen kann, ist derzeit nicht geklärt. Teilweise wird vorgeschlagen, im Falle der Weigerung den Betreffenden als Beschuldigten zu behandeln und sodann die Entnahme von Körperzellen nach § 81 a StPO anzuordnen. Ein solches Vorgehen würde aber sowohl gegen das Rechtsstaatsprinzip als auch gegen die Unschuldsvermutung verstoßen.

3.2.8 Die Sicherstellung und Beschlagnahme

Geht es um die Sicherstellung von Gegenständen, so sieht die Strafprozessordnung zwei unterschiedliche Verfahren vor, bei denen jeweils ein öffentlich-rechtliches Verwahrungsverhältnis begründet wird:

1. Sicherstellung von Beweismitteln (Beschlagnahme), §§ 94 ff. StPO	2. Sicherstellung von Verfalls- und Einziehungsgegenständen, §§ 111 b ff. StPO
→ Bei dieser soll ein Beweisverlust verhindert werden und damit die Durchführung des Strafverfahrens gesichert werden.	→ Bei dieser sollen diejenigen Gegenstände, die ggf. durch das Urteil als verfallen erklärt oder eingezogen werden (§§ 73 ff. StGB), gesichert werden.

3.2.8.1 Die Beschlagnahme

Befindet sich der Gegenstand in Niemandes Gewahrsam, ist der Gewahrsamsinhaber nicht bekannt oder steht der Gegenstand im Gewahrsam einer zur Herausgabe bereiten Person, so wird der Gegenstand durch eine **Inverwahrnahme** sichergestellt, § 94 Abs. 1 StPO. Ist die Person hingegen nicht bereit, den Gegenstand freiwillig herauszugeben, hat eine **förmliche Beschlagnahme** nach § 94 Abs. 2 StPO zu erfolgen. Hierbei wird der Gegenstand nach ausdrücklicher Anordnung gesichert, d.h. entweder weggenommen oder durch andere Maßnahmen wie z. B. die Versiegelung sichergestellt.

Zu beachten ist, dass für gewisse Gegenstände ein **Beschlagnahmeverbot** besteht:

- So dürfen gemäß § 96 StPO Behördenakten oder andere Schriftstücke, die sich in amtlicher Verwahrung befinden, dann nicht beschlagnahmt werden, wenn eine Sperrerklärung der obersten Dienstbehörde dahingehend vorliegt, dass das Bekanntwerden des Inhalts der Akten oder Schriftstücke dem Wohl des Bundes oder eines deutschen Landes Nachteile bereiten würde.
- Ferner unterliegen nach § 97 StPO solche Gegenstände nicht der Beschlagnahme, die sich im Gewahrsam eines Zeugnisverweigerungsberechtigten (§§ 52, 53, 53a StPO) befinden. Neben den explizit genannten schriftlichen Mitteilungen zwischen dem Beschuldigten und dem Verweigerungsberechtigten sowie den schriftlichen Aufzeichnungen des Verweigerungsberechtigten sind darüber hinaus auch die Mitteilungen des Verteidigers an den Beschuldigten – sofern sie sich im Gewahrsam des Beschuldigten befinden – beschlagnahmefrei. Denn § 148 StPO – der erst nach § 97 Abs. 2 StPO in Kraft getreten ist – ist insofern lex specialis und regelt die Frage des freien Kontakts zwischen Verteidiger und Beschuldigtem abschließend.
- Zusätzlich zu diesen gesetzlich normierten Fällen besteht ein Beschlagnahmeverbot dann, wenn verfassungsrechtliche Gründe entgegenstehen. Dies kann der Fall sein, wenn entweder gegen den Verhältnismäßigkeitsgrundsatz oder gegen das Allgemeine Persönlichkeitsrecht verstoßen werden würde, etwa bei intimen Aufzeichnungen in Tagebüchern.

Gemäß § 97 Abs. 2 S. 3 StPO gilt das Beschlagnahmeverbot aber dann nicht, wenn bestimmte Tatsachen den Verdacht begründen, dass die zeugnisverweigerungsberechtigte Person an der Tat oder an einer Begünstigung, Strafvereitelung oder Hehlerei beteiligt war oder wenn es sich bei den betreffenden Gegenständen um sog. Deliktsgegenstände handelt. Dies soll auch dann gelten, wenn der Zeugnisverweigerungsberechtigte der Verteidiger ist. Dieser Ansicht ist aber wiederum entgegenzuhalten, dass § 148 StPO als lex specialis vorrangig zu beachten ist.

Gesetzlich geregelt sind zwei besondere Formen der Beschlagnahme:

- Soll Post beschlagnahmt werden, die sich im Gewahrsam der Post befindet, dann greift die Sonderregelung des § 99 StPO.
- Eine weitere Ausnahmeregelung existiert im Hinblick auf den Führerschein. Hier ist folgendermaßen zu differenzieren:

Führerschein als Dokument	Fahrerlaubnis als behördliche Berechtigung
→ kann gem. § 94 Abs. 3 StPO beschlagnahmt werden	→ kann vorläufig durch den Richter entzogen werden, § 111a StPO → endgültige Entziehung erfolgt im Urteil, § 69 Abs. 3 S. 2 StGB

3.2.8.2 Verteidigungshinweise

Der Verteidiger sollte dem Mandanten vermitteln, dass eine freiwillige Herausgabe (§ 94 Abs. 2 StPO) den Nachteil hat, dass beschlagnahmefreie Gegenstände (§ 97 StPO) verwertet werden dürfen, wenn sie freiwillig herausgegeben wurden. Auf diese Weise würden also mögliche Mängel des Durchsuchungsbeschlusses, welche zu einer Unverwertbarkeit der hierdurch erlangten Beweismittel führen würden, geheilt.

3.2.9 Die längerfristige Observation

Bei der in § 163 f StPO verankerten längerfristigen Observation wird in das Allgemeine Persönlichkeitsrecht des Beschuldigten eingegriffen. Eine solche Observation kommt dann in Betracht, wenn zureichende tatsächliche Anhaltspunkte vorliegen, dass eine Straftat von erheblicher Bedeutung begangen wurde. Hier darf eine planmäßig angelegte Beobachtung des Beschuldigten angeordnet werden, die entweder durchgehend länger als 24 Stunden dauern oder an mehr als zwei Tagen stattfinden soll, § 163 f Abs. 1 S. 1 StPO.

Weitere Voraussetzung ist nach der sogenannten Subsidiariätsklausel des § 163 f Abs. 1 S. 2 StPO, dass die Erforschung des Sachverhalts oder die Ermittlung des Aufenthaltsortes des Täters auf andere Weise erheblich weniger Erfolg versprechend oder wesentlich erschwert wäre. Wann eine „Straftat von erheblicher Bedeutung“ vorliegt, ist gesetzlich nicht normiert. Die Straftatenkataloge in §§ 98 a Abs.1, 100 a Abs. 2, 100 c Abs. 2 und 110 a Abs.1 StPO bilden hierbei zwar Anhaltspunkte, die längerfristige Observation ist aber auch beim Verdacht geringfügigerer Straftaten zulässig, nicht jedoch im Bagatellbereich und auch nicht in einem nur wenig darüber liegenden Bereich. Die Entscheidung darüber, ob es sich um eine Straftat von erheblicher Bedeutung handelt, hängt hier von den Umständen des einzelnen Falles ab.

3.2.10 Die Überwachung der Telekommunikation

Maßnahmen, die der Überwachung der Telekommunikation dienen, stellen regelmäßig einen Eingriff in die von Art. 10 GG geschützte Privatsphäre des Beschuldigten und des „Telekommunikationspartners" als möglicherweise unbeteiligtem Dritten dar und bedürfen folglich einer besonderen gesetzlichen Ermächtigungsgrundlage. Diese findet sich zum einen in § 100 a StPO, der die Voraussetzungen eines derartigen Eingriffs regelt, zum anderen in § 100 b StPO, in dem die Zuständigkeit für die betreffende Anordnung niedergelegt ist.

Die Vorschrift des § 100 a StPO ist aufgrund des permanenten technischen Fortschritts ständig im Fluss. Sie gestattet die Überwachung der Telekommunikation und zudem die Aufzeichnung der Gespräche durch die Ermittlungsbehörden, wenn der Verdacht besteht, dass eine der genannten Katalogtaten vorliegt. Neben den üblichen Formen des Telefonierens werden auch sonstige Arten der Nachrichtenübermittlung erfasst.

Es sind hier jedoch eine Vielzahl von Fragen streitig, so dass der Verteidiger gerade auf diesen Bereich besonderes Augenmerk legen sollte:

Streitpunkte im Rahmen des § 100 a StPO:

- <u>Abrufen von E-mails</u>

→ bislang: Differenzierung danach, wo diese gespeichert wurden:
- falls bei Beschuldigtem: nur Beschlagnahme des Datenträgers nach § 94 StPO möglich
- falls noch bei Provider: § 100 a StPO

→ aktuelle Rechtsprechung des BVerfG: hier nur § 94 StPO anwendbar

- <u>Abhören von den in Telefon-Mailboxen gespeicherten Daten</u>

→ § 100 a StPO nur, solange Nachricht im sog. Mailboxsystem des Providers gespeichert

→ § 100 a StPO (-), wenn Nachricht in Endgerät gespeichert und ggf. abgerufen

- <u>Erstellung von Bewegungsprofilen eines Handy-Benutzers</u>

→ str.; wohl von § 100 a StPO gedeckt, wenn tatsächlich telefoniert wird oder Handy auf stand-by-Betrieb

- <u>**INSBESONDERE: DIE ONLINE-DURCHSUCHUNG**</u>

→ heimliche Durchsuchung des Computers von Tatverdächtigen mittels e-mail oder auf andere Weise durch Ausspähen einer sog. „remote forensic software"

<table>
<tr><td colspan="2" align="center"><u>Differenziere:</u></td></tr>
<tr><td align="center">↓
Präventive Online-Durchsuchung
d.h. zu Zwecken der Gefahrenabwehr</td><td align="center">↓
Sonstige (repressive) Online-Durchsuchung</td></tr>
<tr><td>→ BVerfG: Eingriff hier nur zulässig, wenn es tatsächliche Anhaltspunkte einer konkreten Gefahr für ein „überragend wichtiges Rechtsgut" gibt, also „Leib, Leben, Freiheit der Person oder solche Güter der Allgemeinheit, deren Bedrohung die Grundlagen oder den Bestand des Staates oder die Grundlagen der Existenz der Menschen berührt"
→ mittlerweile in § 20 k BKA-Gesetz verankert</td><td>→ nach einer Ansicht unzulässig und findet insbesondere als eine heimliche Ermittlungsmaßnahme in § 102 StPO keine Grundlage
→ die erhebliche Gegenmeinung hält Online-Durchsuchungen jedoch für zulässig</td></tr>
</table>

3.2.11 Der Einsatz technischer Mittel

Technische Mittel können in verschiedener Weise zum Einsatz kommen:

<table>
<tr><td align="center">↓</td><td align="center">↓</td><td align="center">↓</td><td align="center">↓</td></tr>
<tr><td>„Großer" Lauschangriff, §§ 100 c, d StPO

→ Abhören und Aufzeichnen von Gesprächen in Wohnungen (inkl. Arbeits-, Geschäfts- und Betriebsräume)</td><td>„Kleiner" Lauschangriff, § 100 f StPO

→ Abhören und Aufzeichnen von Gesprächen außerhalb von Wohnungen</td><td>Herstellung von Bildaufnahmen des Beschuldigten, § 100 h Nr. 1 StPO</td><td>Sonstige Observationen, § 100 h Nr. 2 StPO

→ z.B. durch Nachtsichtgeräte, Peilsender, Bewegungsmelder</td></tr>
</table>

Bei allen Maßnahmen dieser Art ist danach zu differenzieren, ob sie sich gegen den Beschuldigten oder gegen einen Dritten richten. Im letztgenannten Fall ist der Einsatz der technischen Mittel nur unter engen Voraussetzungen möglich. Abzugrenzen ist das gezielte Vorgehen gegen Dritte jedoch von den Fällen, in denen Dritte lediglich **unvermeidbar** betroffen sind; hier dürfen die Maßnahmen bereits dann durchgeführt werden, wenn die Voraussetzungen der Anordnung gegen den Beschuldigten erfüllt sind.

3.2.11.1 Der „große" Lauschangriff

Der große Lauschangriff ist seit langem äußerst umstritten, denn er greift in den Kernbereich der privaten Lebensgestaltung, insbesondere in das in Art. 13 GG verbürgte Grundrecht der Unverletzlichkeit der Wohnung ein. Ermächtigungsgrundlage für die Strafverfolgungsbehörden sind die §§ 100 c, d StPO.

Richtet sich die Maßnahme gegen den **Beschuldigten**, sind deren Voraussetzungen in § 100 c Abs. 1, Abs. 4 StPO geregelt:

- Zunächst muss der Beschuldigte verdächtigt werden, eine der in § 100 c Abs. 2 StPO genannten Katalogtaten begangen zu haben (§ 100 c Abs. 1 Nr. 1 StPO).
- Diese muss auch im konkreten Einzelfall besonders schwer wiegen (§ 100 c Abs. 1 Nr. 2 StPO).
- Aufgrund tatsächlicher Anhaltspunkte muss anzunehmen sein, dass durch die Überwachung Äußerungen des Beschuldigten erfasst werden, die für die Erforschung des Sachverhalts oder die Ermittlung des Aufenthaltsorts eines Mitbeschuldigten von Bedeutung sind (§ 100 c Abs. 1 Nr. 3 StPO).
- Zudem müsste die Erforschung des Sachverhalts oder die Ermittlung des Aufenthaltsorts eines Mitbeschuldigten auf andere Weise unverhältnismäßig erschwert oder aussichtslos sein (Subsidiaritätsklausel, § 100 c Abs. 1 Nr. 4 StPO).
- Weiterhin darf die Maßnahme nur dann angeordnet werden, soweit auf Grund tatsächlicher Anhaltspunkte anzunehmen ist, dass durch die Überwachung Äußerungen, die dem Kernbereich privater Lebensgestaltung zuzurechnen sind, nicht erfasst werden (§ 100 c Abs. 4 StPO). Erkenntnisse über derartige Äußerungen dürfen nicht verwertet werden (§ 100 c Abs. 5 S. 3 StPO).

Ergeht die Maßnahme **gegen andere Personen** als den Beschuldigten, so ist diese nur dann zulässig, wenn anzunehmen ist, dass sich der Beschuldigte in dieser Wohnung aufhält und zudem die Maßnahme in der Wohnung des Beschuldigten allein nicht zur Erforschung des Sachverhalts oder zur Ermittlung des Aufenthaltsortes eines Mitbeschuldigten führen würde, § 100 c Abs. 3 StPO.

3.2.11.2 Der „kleine" Lauschangriff

Der kleine Lauschangriff ist in § 100 f StPO geregelt. Richtet er sich gegen den Beschuldigten, muss

- der Verdacht bestehen, dass eine Katalogtat des § 100 **a** Abs. 2 StPO begangen wurde
- der auch im Einzelfall schwer wiegt und
- die Erforschung des Sachverhalts oder die Ermittlung des Aufenthaltsortes eines Beschuldigten auf andere Weise aussichtslos oder wesentlich erschwert wäre (Subsidiaritätsklausel).

Soll sich die Maßnahme **gegen Dritte** richten, so ist sie nur dann zulässig, wenn anzunehmen ist, dass der Beschuldigte mit dieser Person in Verbindung steht oder eine solche Verbindung hergestellt wird, zudem die Maßnahme zur Erforschung des Sachverhalts oder zur Ermittlung des Aufenthaltsorts eines Beschuldigten führen wird und dies auf andere Weise aussichtslos oder erschwert wäre, § 100 f Abs. 2 StPO.

3.2.12 Die Herstellung von Bildaufnahmen, § 100 h Abs. 1 Nr. 1 StPO

Bildaufnahmen des Beschuldigten, d. h. Lichtbilder und Bildaufzeichnungen wie Videoaufnahmen, dürfen außerhalb von Wohnungen ohne Wissen des Beschuldigten erstellt werden, wenn die Erforschung des Sachverhaltes oder die Ermittlung des Aufenthaltsortes eines Beschuldigten auf andere Weise weniger erfolgversprechend oder erschwert wäre. Gegen **Dritte** sind derartige Maßnahmen nur aufgrund der strengeren Voraussetzungen des § 100 h Abs. 2 StPO zulässig.

3.2.13 Der Einsatz verdeckter Ermittler

Nach § 110 a Abs. 1 StPO dürfen verdeckte Ermittler zur Aufklärung von Straftaten eingesetzt werden, wenn zureichende Anhaltspunkte dafür vorliegen, dass eine der genannten Katalogtaten begangen worden ist. Ferner dürfen sie zur Aufklärung von Verbrechen eingesetzt werden, wenn aufgrund bestimmter Tatsachen eine Wiederholungsgefahr besteht, § 100 a Abs. 1 S. 2 StPO. In diesen beiden Fällen ist der Einsatz aber nur dann zulässig, wenn die Aufklärung auf andere Weise aussichtslos oder wesentlich erschwert wäre (Subsidiaritätsklausel, § 100 a Abs. 1 S. 3 StPO). Ein dritter Fall des Einsatzes verdeckter Ermittler kann gegeben sein, wenn die besondere Bedeutung der Tat den Einsatz gebietet und andere Maßnahmen aussichtslos wären, § 100 a Abs. 1 S. 4 StPO. Dabei ist der verdeckte Ermittler von weiteren „unerkannt" agierenden Personen abzugrenzen:

Verdeckter Ermittler	V-Leute/ V-Person/ Spitzel	Informant	Nicht offen ermittelnder Beamter
↓	↓	↓	↓
Beamte des Polizeidienstes, die unter einer ihnen verliehenen, auf Dauer angelegten, veränderten Identität (Legende) ermitteln (§ 110 a Abs. 2 S. 1 StPO)	Privatpersonen, die bereit sind, die Strafverfolgungsbehörden bei der Aufklärung von Straftaten während eines längeren Zeitraumes vertraulich zu unterstützen und deren Identität grundsätzlich geheim gehalten wird	Privatpersonen, die - mit einer Vertraulichkeitszusage der Staatsanwaltschaft versehen - im Einzelfall bereit sind, Informationen an die Strafverfolgungsbehörden zu geben	Polizeibeamte, die nicht öffentlich ermitteln, nur gelegentlich auftreten und keine auf Dauer angelegte Legende besitzen (Bsp.: „Scheinkäufer")

Verdeckten Ermittlern wird von der Strafprozessordnung eine Vielzahl von Befugnissen eingeräumt. So dürfen sie unter ihrer Legende am Rechtsverkehr teilnehmen, § 100 a Abs. 2 S. 2 StPO. Sie dürfen auch unter Verwendung ihrer Legende eine Wohnung mit dem Einverständnis des Berechtigten betreten, § 110 c StPO. Ferner haben sie das Recht, Zeugen ohne Belehrung nach § 136 StPO zu befragen. Straftaten dürfen sie hingegen grundsätzlich nicht begehen. Streitig ist dies jedoch im Hinblick auf sogenannte milieubedingte Straftaten, die gegebenenfalls dazu dienen, die Legende aufrecht zu erhalten.

Wenn die weitere Verwendung des Ermittlers oder dessen Leib, Leben oder Freiheit gefährdet wäre, darf seine Identität im Strafprozess geheim bleiben (§§ 110 b Absatz 3 Satz 3, 96 StPO). Hierzu müssen die Staatsanwaltschaft und das Gericht, die für die Entscheidung über die Zustimmung zu dem Einsatz zuständig sind, eine Sperrerklärung beantragen. Ist eine solche Sperre nach Auffassung des Gerichts weder willkürlich noch offensichtlich rechtsfehlerhaft, so wird der Ermittler grundsätzlich unter seiner Legende aussagen. Es kann jedoch auch Fälle geben, in denen er nach § 96 StPO völlig gesperrt wird. Dann kann ausnahmsweise auf die Vernehmung einer Kontaktperson zurückgegriffen werden (§ 96 StPO analog). Der verdeckte Ermittler kann dann von einem „Zeugen vom Hörensagen" vertreten werden, der stellvertretend die Aussage des Ermittlers macht. Ferner besteht die Möglichkeit, den Verdeckten Ermittler abgesetzt vom Gerichtssaal zu vernehmen, dabei seine Stimme und sein Aussehen technisch zu verfremden und dies dann als sogenannte audiovisuelle Vernehmung in den Gerichtssaal zu übertragen, § 247 a StPO.

Wird die Identität des Verdeckten Ermittlers nicht geheim gehalten, so kommen Maßnahmen des Zeugenschutzes gemäß § 68 StPO in Betracht.

3.2.14 Die vorläufige Festnahme

Wenn ein richterlicher Haftbefehl nicht rechtzeitig genug ergehen kann, besteht unter bestimmten Voraussetzungen die Möglichkeit der vorläufigen Festnahme gem. §§ 127 ff. StPO. Insbesondere die Delikte der Freiheitsberaubung, § 239 StGB, der Nötigung, § 240 StGB, und der einfachen Körperverletzung, § 223 StGB, können durch das Festnahmerecht gerechtfertigt sein.

Bei dem Recht auf vorläufige Festnahme ist zu differenzieren:

Vorläufige Festnahme nach § 127 Abs. 1 StPO	Vorläufige Festnahme nach § 127 Abs. 2 StPO	Vorläufige Festnahme nach § 127 b StPO
↓	↓	↓
→ befugt: „Jedermann“ → Voraussetzungen: – jmd. ist auf frischer Tat betroffen oder verfolgt – dieser ist der Flucht verdächtig oder seine Identität kann nicht sofort festgestellt werden	→ befugt: StA und Beamte des Polizeidienstes → Voraussetzungen: – Voraussetzungen eines Haftbefehls (§§ 112 ff. StPO) oder eines Unterbringungsbefehls (§ 126 a StPO) liegen vor – Gefahr im Verzug	→ befugt: StA und Beamte des Polizeidienstes → Voraussetzungen: – jmd. ist auf frischer Tat betroffen oder verfolgt – unverzügliche Entscheidung im beschleunigten Verfahren ist wahrscheinlich – Gefahr, dass der Festgenommene der Hauptverhandlung fernbleiben wird

Gemeinsam ist allen genannten Festnahmerechten, dass der Festgenommene gemäß § 128 Abs. 1 StPO unverzüglich – spätestens am Tag nach der Festnahme – dem Richter vorzuführen ist.

3.2.14.1 Das „Jedermann“-Festnahmerecht, § 127 Abs. 1 S. 1 StPO

Voraussetzung des „Jedermann“-Festnahmerechtes ist, dass der Täter „auf frischer Tat betroffen“ ist. Tat in diesem Sinne ist ausschließlich eine Straftat, nicht jedoch eine Ordnungswidrigkeit. Äußerst umstritten ist hierbei allerdings die Frage, ob diese Tat tatsächlich zumindest tatbestandsmäßig und rechtswidrig begangen sein muss oder ob bereits ein dringender Tatverdacht genügt.
Der Festnahmegrund des Fluchtverdachts ist abweichend von § 112 Abs. 2 Nr. 2 StPO zu beurteilen. Es genügt hier vielmehr bereits, dass nach dem erkennbaren Verhalten des Täters die Annahme gerechtfertigt erscheint, dass sich der Betroffene seiner Verantwortung durch Flucht entziehen wird.

Liegen die Voraussetzungen des Festnahmerechtes vor, so darf der Betroffene festgehalten werden, gegebenenfalls auch vorübergehend in einer Privatwohnung, um von dort die Polizei telefonisch zu benachrichtigen. Ferner gewährt das Recht die Befugnis, den Betroffenen zur nächsten Polizeiwache zu bringen. Zudem wird hiervon auch die Anwendung körperlicher Gewalt gedeckt, sofern diese verhältnismäßig und für die Festnahme erforderlich ist, z. B. das feste Zupacken, auch wenn dieses Schmerzen verursacht.

3.2.14.2 Verteidigungshinweise zum Festnahmerecht

Bei einer Festnahme nach § 127 Abs. 2 StPO sollte der Verteidiger dem Mandanten in der Regel raten, zunächst von seinem Schweigerecht Gebrauch zu machen bzw. keine Erklärung zur Sache abzugeben. Zunächst sollte immer Einsicht in die Ermittlungsakte genommen und erst dann über eine Aussage entschieden werden. Der Verteidiger sollte wissen, dass eine plötzliche Festnahme für den Mandanten regelmäßig einen Schock bedeutet und dieser deshalb oft in hohem Maße erklärungsbereit ist. Der Verteidiger sollte deshalb seinem Mandanten klarmachen, dass einerseits ein Geständnis praktisch nicht wieder rückgängig zu machen ist und andererseits ein Bestreiten nur dann Sinn macht, wenn präsente Beweismittel vorhanden sind.

3.2.15 Abschließende Verteidigungshinweise zu den Zwangsmaßnahmen

Der Verteidiger sollte darauf achten, dass er rechtzeitig bei Einstellung des Verfahrens bzw. Freispruch den Antrag stellt, sämtliche auf Grund des Ermittlungsverfahrens gegen den Mandaten gefertigten erkennungsdienstlichen Unterlagen einschließlich der Körperzellen bei allen mit der Sache befassten Polizeidienststellen zu vernichten. Dieser Antrag ist damit zu begründen, dass die weitere Aufbewahrung der gefertigten erkennungsdienstlichen Unterlagen und entnommenen Körperzellen nicht länger durch die Strafprozessordnung gedeckt und damit unzulässig ist. Es ist darzulegen, dass keine Anhaltspunkte mehr dafür vorliegen, dass der Mandant künftig als Verdächtigter in den Kreis potenzieller Beteiligter an einer noch aufzuklärenden strafbaren Handlung einbezogen werden könnte.

3.3 Die Beschuldigtenvernehmung

Gemäß § 163 a Abs. 1 StPO muss der Beschuldigte im Ermittlungsverfahren vernommen werden, d.h. spätestens vor dem Abschluss der Ermittlungen muss ihm die Möglichkeit auf rechtliches Gehör eingeräumt worden sein. Beschuldigter ist dabei derjenige, gegen den sich erkennbar die Ermittlungstätigkeit richtet. Nach dem engen formalen Vernehmungsbegriff liegt eine Vernehmung vor, wenn der Vernehmende dem Beschuldigten in amtlicher Eigenschaft gegenüber tritt und in dieser Eigenschaft von ihm Auskunft verlangt.

3.3.1 Ablauf einer Vernehmung

Während dem Beschuldigten bei Beginn der ersten Vernehmung durch einen Richter oder Staatsanwalt zu eröffnen ist, welche Tat ihm zur Last gelegt wird und welche Strafvorschriften in Betracht kommen, ist der Hinweis auf die Strafvorschriften bei Beginn der ersten Vernehmung durch die Polizei nicht erforderlich (§ 163 a Abs. 4 StPO). In jedem Falle aber ist der Beschuldigte darauf hinzuweisen, dass es ihm nach dem Gesetz freisteht, sich zur Beschuldigung zu äußern und einen Verteidiger zu befragen (§§ 136 Abs. 1, 163 a Abs. 3 Satz 2, 163 a Abs. 4 Satz 2 StPO). Überdies ist nach §§ 136 Abs. 1 Satz 3, 163 a Abs. 4 Satz 2 StPO der Hinweis erforderlich, dass der Beschuldigte zu seiner Entlastung Beweisanträge stellen kann. Nach § 163 a Abs. 2 StPO sind diese Beweise zu erheben, wenn sie von Bedeutung sind.

Bei einer Ladung durch die Polizei trifft den Beschuldigten keine Pflicht zum Erscheinen. Die Staatsanwaltschaft und der Richter können dagegen die Ladung des Beschuldigten zur Vernehmung mit Zwangsmaßnahmen durchsetzen (§§ 163 a Abs. 3, 133 Abs. 2, 134 StPO). Gemäß § 163 a Abs. 3 i. V. m. § 168 c Abs. 5 StPO ist der Verteidiger über die Vernehmung des Beschuldigten zu unterrichten. Nach § 168 c Abs. 1 StPO ist dem Verteidiger die Anwesenheit gestattet.

3.3.2 Verstoß gegen Belehrungspflichten

Ein Verstoß gegen die Belehrungspflicht nach § 136 Abs. 1 Satz 2 StPO begründet grundsätzlich ein Verwertungsverbot. Dies gilt auch, wenn der Beschuldigte nicht über sein Recht zur Verteidigerkonsultation belehrt worden ist oder wenn dem Beschuldigten nach Belehrung trotz einer entsprechenden Bitte eine Rücksprache mit seinem Verteidiger verweigert und er einfach vernommen worden ist. Ein nicht geheilter Verstoß gegen die Belehrungspflichten und auch die Verweigerung der Rücksprache mit dem Verteidiger können die Revision begründen. Dann muss der Verstoß allerdings vom Angeklagten, soweit er einen Verteidiger hat, bis spätestens zu dem im § 257 StPO beschriebenen Zeitpunkt gerügt werden und der Verwertung in der Hauptverhandlung widersprochen werden. Erfolgt kein solcher Widerspruch, so kann dieser nicht mehr in der Berufungsverhandlung oder nach einer Zurückweisung durch das Revisionsgericht geltend gemacht werden.

3.3.3 Verbotene Vernehmungsmittel

Gemäß § 136 a Abs. 1 und 2 StPO darf bei der Vernehmung die Freiheit der Willensentschließung und Willensbetätigung nicht durch Misshandlung, körperliche Eingriffe, Drohungen, Quälerei, Ermüdung, Hypnose oder Täuschung beeinträchtigt werden. Erlaubt ist dagegen die Ausnutzung eines Irrtums und die Überführung durch Fangfragen. Der Einsatz eines Lügendetektors verstößt bei Freiwilligkeit nicht gegen § 136 a StPO, er ist aber ein völlig ungeeignetes Beweismittel im Sinne des § 244 Abs. 2 StPO.

Die Verbote des § 136 a Abs. 1 und 2 StPO gelten gemäß § 136 a Abs. 3 Satz 1 StPO ohne Rücksicht auf die Einwilligung des Beschuldigten. Aussagen, die unter Verletzung des § 136 a Abs. 1 und 2 StPO zustande kommen, dürfen nicht verwertet werden. Dies gilt gemäß § 136 a Abs. 3 Satz 2 StPO auch dann, wenn der Beschuldigte der Verwertung zustimmt.

3.3.4 Verteidigungshinweise

Dem Mandanten sollte regelmäßig verboten werden, ohne die Anwesenheit seines Verteidigers zur Sache auszusagen. Aus Verteidigersicht sind ansonsten ständig irreparable Aussagen zu befürchten, weil viele Mandanten entweder die volle rechtliche Tragweite ihrer Aussagen nicht beurteilen können oder aber geschulten Vernehmern nicht gewachsen sind.

Ansonsten gilt, dass Sachverhaltsteile, die ohne weiteres nachgewiesen werden können, auch immer zugegeben werden sollten. Unsichere Sachverhalte sollten dagegen im Vorverfahren nicht ohne weiteres eingeräumt werden. Hierbei ist höchstens zu bedenken und in einem möglichen Gespräch mit der Staatsanwaltschaft auszuloten, ob eine frühzeitige geständige Einlassung geeignet ist, die Grundlage für eine Verfahrenseinstellung nach §§ 153 ff. StPO zu schaffen. Auf der anderen Seite bewirkt aber häufig auch das Schildern von zahlreichen Komplikationen in einer umfassenden Verteidigungsschrift eine Einstellungsbereitschaft.

Eine Einlassung zur Sache sollte niemals vor der Akteneinsicht erfolgen. Wie bereits dargestellt, kann dem Verteidiger die Akteneinsicht gemäß § 147 Abs. 2 StPO verweigert werden, wenn die Ermittlungen noch nicht abgeschlossen sind und die Akteneinsicht den Untersuchungszweck gefährden kann. Hilfreich im Hinblick auf die Erlangung einer frühen Akteneinsicht ist hier oftmals der Hinweis des Verteidigers, dass diese frühe Akteneinsicht durchaus die Ermittlungen beschleunigen kann, weil beispielsweise offene Sachverhaltsfragen möglicherweise mit Hilfe des Mandanten geklärt werden könnten.

Wenn bei einer Verweigerung der Akteneinsicht im Falle der Untersuchungshaft des Beschuldigten eine gerichtliche Entscheidung erforderlich wird, so darf das Gericht bei dieser Haftentscheidung diejenigen Dinge nicht berücksichtigen, die dem Verteidiger vorenthalten worden sind.

3.4 Die Untersuchungshaft

Unter bestimmten Voraussetzungen kann die Untersuchungshaft gegen den Beschuldigten angeordnet werden. Es handelt sich hierbei um eine verfahrenssichernde Maßnahme.

3.4.1 Die Voraussetzungen der Untersuchungshaft

Die Anordnung der Untersuchungshaft ist in den §§ 112 ff. StPO geregelt. Sie setzt einen dringenden Tatverdacht, einen Haftgrund und die Beachtung des Verhältnismäßigkeitsgrundsatzes voraus.

3.4.1.1 Der dringende Tatverdacht

Ein dringender Tatverdacht im Sinne des § 112 Abs. 1 Satz 1 StPO liegt vor, wenn der Beschuldigte nach dem gegenwärtigen Stand der Ermittlungen mit großer Wahrscheinlichkeit die Straftat begangen oder an ihr strafbar teilgenommen hat. Dabei muss es sich um eine rechtswidrig und schuldhaft begangene, verfolgbare Tat handeln. Der dringende Tatverdacht ist bereits dann gegeben, wenn nach dem aktuellen Stand der Ermittlungen aufgrund der vorhandenen gerichtsverwertbaren Beweismittel die Überführung des Beschuldigten mit großer Wahrscheinlichkeit gelingen wird. Bei der rechtlichen Würdigung genügt keine Wahrscheinlichkeit für eine bestimmte Rechtsauffassung, sondern der Ermittlungsrichter hat die auftretenden Rechtsfragen zu entscheiden.

3.4.1.2 Die Haftgründe

Haftgründe sind die Flucht (§ 112 Abs. 2 Nr. 1 StPO), die Fluchtgefahr (§ 112 Abs. 2 Nr. 2 StPO), die Verdunkelungsgefahr (§ 112 Abs. 2 Nr. 3 StPO), die nicht ausschließbare Flucht- oder Verdunkelungsgefahr bei bestimmten Verbrechen (§ 112 Abs. 3 StPO) und die Wiederholungsgefahr bei den Delikten des § 112 a StPO.

Die Flucht

Nach § 112 Abs. 2 Nr. 1 StPO besteht der Haftgrund der Flucht dann, wenn festgestellt wird, dass der Beschuldigte flüchtig ist oder sich verborgen hält. Flüchtig in diesem Sinne ist derjenige, welcher seine Wohnung tatsächlich aufgibt, ohne eine neue Wohnung zu beziehen. Ebenfalls flüchtig ist, wer sich in das Ausland absetzt, so dass er für die deutschen Ermittlungsbehörden unerreichbar wird. Verborgen hält sich ein Beschuldigter, wenn er untergetaucht ist, um sich dem Verfahren dauernd oder vorübergehend zu entziehen.

Die Fluchtgefahr

Fluchtgefahr besteht, wenn die Würdigung der Umstände des Falles es wahrscheinlicher macht, dass sich der Beschuldigte dem Strafverfahren entzieht, als dass er sich ihm zur Verfügung halten wird.

Die Beurteilung der Fluchtgefahr erfordert die Berücksichtigung aller Umstände des Falles, insbesondere der Art der dem Beschuldigten vorgeworfenen Tat, der Persönlichkeit des Beschuldigten, seiner Lebensverhältnisse, seines Vorlebens und seines Verhaltens vor und nach der Tat. Die Fluchtgefahr darf nur aus bestimmten Tatsachen hergeleitet werden, bloße Mutmaßungen und Befürchtungen genügen nicht.

Auch die Straferwartung allein kann die Fluchtgefahr im Allgemeinen nicht begründen. Sie ist nur Ausgangspunkt für die Erwägung, ob der in ihr liegende Anreiz zur Flucht auch unter Berücksichtigung aller sonstigen Umstände so erheblich ist, dass die Annahme gerechtfertigt ist, der Beschuldigte werde ihm wahrscheinlich nachgeben und flüchtig werden. Bei der Straferwartung selbst kommt es im Übrigen auf den tatsächlich zu erwartenden Freiheitsentzug an. Dabei ist vom Erwartungshorizont des Beschuldigten und des Haftrichters auszugehen. Eine schematische Annahme, dass bei einer Straferwartung in bestimmter Höhe regelmäßig Fluchtgefahr bestehe, ist unzulässig. Allerdings ist die Wahrscheinlichkeit des Widerrufs einer Strafaussetzung in anderer Sache zu berücksichtigen.

Ebenfalls für eine Fluchtgefahr sprechen das Fehlen fester familiärer oder beruflicher Bindungen sowie auch Beziehungen zum Ausland. Ein fester Wohnsitz hingegen schließt die Fluchtgefahr nicht immer aus. Gegen eine Fluchtgefahr sprechen ein hohes Alter des Beschuldigten sowie dessen schlechter Gesundheitszustand. Ein starkes Indiz für eine Fluchtgefahr ist hingegen eine Flucht in einem früheren Verfahren.

Die Verdunkelungsgefahr

Für die Annahme einer Verdunkelungsgefahr muss das Verhalten des Beschuldigten den Verdacht begründen, dass er

- Beweismittel vernichten, verändern, beiseite schaffen, unterdrücken oder fälschen wird oder
- auf Mitbeschuldigte, Zeugen oder Sachverständige in unlauterer Weise einwirken wird oder
- andere zu einem solchen Verhalten veranlassen wird.

Zusätzlich müssen konkrete Tatsachen vorliegen, die geeignet sind für die Feststellung, dass ohne den Vollzug der Untersuchungshaft die Ermittlung der Wahrheit erschwert wird.

Der Haftgrund der Tatschwere

§ 112 Abs. 3 StPO lässt nach seinem Wortlaut bei bestimmten Straftaten der Schwerkriminalität die Anordnung der Untersuchungshaft auch dann zu, wenn ein Haftgrund nach § 112 Abs. 2 StPO nicht besteht. § 112 Abs. 3 StPO wäre jedoch unverhältnismäßig, wenn man ihn dahin auslegen würde, dass bei dringendem Tatverdacht eines der genannten Verbrechen die Untersuchungshaft ohne Prüfung weiterer Voraussetzungen einfach verhängt werden dürfte. Vielmehr ist § 112 Abs. 3 StPO verfassungskonform dahingehend auszulegen, dass im Haftbefehl zumindest dargelegt werden muss, dass eine solche Gefahr nicht auszuschließen ist.

Die Wiederholungsgefahr

Der Haftgrund der Wiederholungsgefahr ist an die in § 112 a StPO aufgeführten Anlasstaten geknüpft. Durch konkrete Tatsachen ist die Gefahr zu belegen, dass der Beschuldigte vor der Verurteilung weitere erhebliche Straftaten gleicher Art begehen werde. Der Haftgrund der Wiederholungsgefahr ist gegenüber den Haftgründen nach § 112 StPO subsidiär.

Haftgrund der Hauptverhandlungshaft im beschleunigten Verfahren

Liegt keiner der genannten Haftgründe vor, so kann ausnahmsweise dennoch ein Haftbefehl ergehen, wenn zu erwarten ist, dass im beschleunigten Verfahren die Hauptverhandlung binnen einer Woche nach Festnahme erfolgen wird und zudem auf Grund bestimmter Tatsachen zu befürchten ist, dass der Festgenommene der Hauptverhandlung fernbleiben wird, § 127 b StPO.

3.4.1.3 Die Verhältnismäßigkeit

Die Anordnung der Untersuchungshaft muss gemäß § 112 Abs. 1 Satz 2 StPO dem Verhältnismäßigkeitsgrundsatz entsprechen. Dabei ist eine Abwägung vorzunehmen zwischen der Bedeutung der Strafsache und der Straferwartung einerseits und der Schwere des Eingriffs in die Lebenssphäre des Beschuldigten andererseits.

Aus diesem Grund ist auch die Anordnung der Untersuchungshaft bei leichteren Taten, d.h. solchen, die mit einer Freiheitsstrafe bis zu sechs Monaten oder mit Geldstrafe bis zu 100 Tagessätzen bedroht sind, nur eingeschränkt möglich, § 113 StPO.

3.4.2 Der Verfahrensablauf

Aufgrund der Schwere des Eingriffs darf die Untersuchungshaft gemäß § 114 Abs. 1 StPO nur durch schriftlichen Haftbefehl des Richters angeordnet werden. Nach § 114 Abs. 2 StPO sind hierin anzuführen

- der Beschuldigte
- die genau umschriebene Tat, deren er dringend verdächtig ist
- der Haftgrund und
- die Tatsachen, aus denen sich der dringende Tatverdacht und der Haftgrund ergeben.

Die Zuständigkeit zum Erlass des Haftbefehls hängt dabei von dem jeweiligen Verfahrensstand ab:

Verfahrensstand		Zuständigkeit
Vor Erhebung der öffentlichen Klage	→	**Ermittlungsrichter** = Richter bei dem Amtsgericht, in dessen Bezirk ein Gerichtsstand begründet ist oder sich der Beschuldigte aufhält, § 125 Abs. 1 StPO
Nach Erhebung der öffentlichen Klage	→	**Gericht, das mit der Sache befasst ist** (falls Revision eingelegt: Gericht, dessen Urteil angefochten wird), § 125 Abs. 2 StPO

Aufgrund des Haftbefehls kann die Verhaftung des Beschuldigten erfolgen. Dieser ist gem. § 115 Abs. 1, 2 StPO unverzüglich, spätestens am Tag nach der Ergreifung, dem zuständigen Richter vorzuführen, der den Beschuldigten über den Gegenstand der Beschuldigung zu vernehmen hat. Zuständig ist hierbei derjenige Richter, der auch den Haftbefehl erlassen hat, § 126 StPO. Ist eine solche Vorführung nicht möglich, so ist der Beschuldigte spätestens am Tag nach der Ergreifung dem Richter des nächsten Amtsgerichts vorzuführen, § 115 a StPO.

Der betreffende Richter hat nunmehr zu entscheiden, wie weiterhin zu verfahren ist:

Er kann den Haftbefehl aufrecht erhalten, § 115 Abs. 4 StPO. In diesem Fall muss er den Beschuldigten über die ihm zur Verfügung stehenden Rechtsbehelfe belehren. Er kann jedoch auch die Aussetzung des Haftbefehls nach § 116 StPO anordnen. Dies hat dann zu erfolgen, wenn durch weniger einschneidende Maßnahmen der Zweck der Untersuchungshaft ebenfalls erreicht werden kann.

Beispiele:

- Meldepflicht bei den Ermittlungsbehörden (Nr. 1)
- Aufenthaltsbeschränkungen (Nr. 2)
- Weisung, die Wohnung nur unter Aufsicht zu verlassen (Nr. 3)
- Sicherheitsleistung, d.h. Hinterlegung einer Kaution (Nr. 4)
- Abgabe der Personalpapiere
- Sperre des Bankkontos

Weiterhin kann der Richter auch gemäß § 120 StPO den Haftbefehl aufheben, wenn die Voraussetzungen der Untersuchungshaft nicht mehr vorliegen oder sich ergibt, dass die weitere Untersuchungshaft zu der Bedeutung der Sache oder der Straferwartung außer Verhältnis steht.

Wird der Haftbefehl aufrecht erhalten, so erfolgt der Vollzug der Untersuchungshaft regelmäßig in Justizvollzugsanstalten. Dabei ist zu beachten, dass die Vorschriften bezüglich der Untersuchungshaft von denjenigen des Strafvollzuges nach erfolgter Verurteilung teilweise erheblich abweichen.

Beispiel:

Für Untersuchungsgefangene besteht im Gegensatz zu Häftlingen, die sich im Strafvollzug befinden, keine Arbeitspflicht.

Die Frage des Zusammentreffens von Untersuchungshaft mit einer bereits zu vollziehenden Strafhaft ist in § 116 b StPO geregelt. Musste bislang die Unterbrechung der Untersuchungshaft zur Verbüßung der Strafhaft erwirkt werden, ist nunmehr klargestellt, dass die Strafhaft der Vollstreckung der Untersuchungshaft vorgeht, es sei denn, das Gericht trifft eine andere Entscheidung, weil der Zweck der Untersuchungshaft dies erfordert.

In zeitlicher Hinsicht darf die Untersuchungshaft grundsätzlich die Dauer von sechs Monaten nicht überschreiten, § 121 StPO. Das Oberlandesgericht kann jedoch die Fortdauer der Untersuchungshaft anordnen, wenn die besondere Schwierigkeit oder der besondere Umfang der Ermittlungen oder ein anderer wichtiger Grund das Urteil noch nicht zulassen und die Fortdauer der Haft rechtfertigen.

3.4.3 Rechtsbehelfe gegen die Untersuchungshaft

Dem Verhafteten stehen zwei Rechtsbehelfe gegen die Untersuchungshaft zur Verfügung: zum einen der Antrag auf Haftprüfung und zum anderen die Haftbeschwerde.

3.4.3.1 Der Antrag auf Haftprüfung

Dem Inhaftierten steht jederzeit die Möglichkeit offen, den Antrag auf Haftprüfung nach § 117 Abs. 1 StPO zu stellen. Hier erfolgt die Prüfung, ob der Haftbefehl aufzuheben ist oder ob dessen Vollzug gemäß § 116 StPO auszusetzen ist. Stellt der Beschuldigte den Antrag nicht, erfolgt von Amts wegen eine solche Prüfung, wenn der Beschuldigte länger als drei Monate in Untersuchungshaft saß; hat der Beschuldigte jedoch einen Verteidiger erfolgt einen solche Überprüfung von Amts wegen nicht.

Über den Antrag entscheidet der Haftrichter, § 126 StPO. Die Haftprüfung hat folglich **keinen Devolutiveffekt**: Ein solcher liegt nur dann vor, wenn die Entscheidung über die betreffende Sache der nächsthöheren Instanz obliegt. Auf Antrag erfolgt die Entscheidung aufgrund mündlicher Verhandlung, § 118 Abs. 1 StPO. Soll nach einer ablehnenden Entscheidung abermals nach mündlicher Verhandlung entschieden werden, so müssen seit der letzten mündlichen Verhandlung mindestens zwei Monate vergangen sein, § 118 Abs. 3 StPO.

Hat die Untersuchungshaft sechs Monate gedauert, so erfolgt nach § 121 StPO durch das OLG eine Prüfung von Amts wegen.

3.4.3.2 Die Haftbeschwerde

Auch bei der Haftbeschwerde handelt es sich um einen Rechtsbehelf des Inhaftierten gegen den Haftbefehl, welchen er, sein Verteidiger oder sein gesetzlicher Vertreter jederzeit und ohne Einhaltung einer Frist einlegen kann. Eine Begründung ist nicht erforderlich. Der Antrag richtet sich nach den allgemeinen Vorschriften der §§ 304 ff. StPO. Er ist subsidiär zum Antrag auf Haftprüfung, darf also nicht neben diesem gestellt werden. Allerdings ist gegen die aufgrund der Haftprüfung ergangene Entscheidung die Einlegung der Beschwerde möglich. Wird über die Haftbeschwerde ablehnend entschieden, so steht dem Betroffenen die weitere Beschwerde zur Verfügung; über diese entscheidet in der Regel das Oberlandesgericht, § 310 StPO.

Durch die Einlegung der Haftbeschwerde wird der Vollzug des Haftbefehls nicht gehemmt. Folglich kommt ihr **kein Suspensiveffekt** zu: Ein solcher ist nur dann zu bejahen, wenn die Entscheidung nicht wirksam wird, bevor über das Rechtsmittel abschließend entschieden ist.

Anders als beim Antrag auf Haftprüfung hat die Haftbeschwerde Devolutiveffekt, d.h. der zuständige Richter kann entweder abhelfen oder die Sache dem Beschwerdegericht vorlegen. Dabei ergeht die Entscheidung zumeist nach Aktenlage, denn eine mündliche Verhandlung ist nicht vorgeschrieben. Gegebenenfalls kann das Beschwerdegericht allerdings Beweis erheben, § 308 Abs. 2 StPO.

3.4.4 Verteidigungshinweise

In vielen Fällen besteht die realistische Chance, eine Aussetzung des Vollzuges des Haftbefehls gemäß § 116 Abs. 1 StPO zu erreichen. Auch wenn das Gericht bei der Bestimmung der erforderlichen Auflagen nicht an Anträge gebunden ist, dürfte es opportun sein, die Erfüllung bestimmter Weisungen anzubieten. In Betracht kommt hier insbesondere eine Meldepflicht gemäß § 116 Abs. 1 Satz 2 Nr. 1 StPO und eine Hinterlegung der Personalpapiere.

Fraglich ist es, wann dem Mandanten zu einer Haftbeschwerde gemäß § 304 StPO zu raten ist. Hiergegen spricht in zahlreichen Fällen, dass aufgrund des Devolutiveffektes das Haftbeschwerdeverfahren vermutlich länger dauert als ein Haftprüfungsverfahren. Zum zweiten wird bei einer Haftbeschwerde regelmäßig im schriftlichen Verfahren entschieden. Schließlich sollte die Haftbeschwerde in der Regel nur dann das Mittel der Wahl sein, wenn komplizierte Verfahrensfragen oder materiellrechtliche Probleme anzusprechen sind, oder wenn eine Haftprüfung bei dem konkreten Ermittlungsrichter von vornherein als aussichtslos angesehen werden muss.

In zahlreichen Fällen ist ein Antrag auf mündliche Haftprüfung nach §§ 117 Abs. 1, 118 StPO ratsam, da dies gerade der Person des Beschuldigten die Gelegenheit eröffnet, sich dem Haftrichter gegenüber darzustellen. Hier steht der Mensch im Vordergrund und weniger die Aktenlage.

3.5 Die Einstellung des Ermittlungsverfahrens

In einer Vielzahl von Fällen wird das Ermittlungsverfahren aus unterschiedlichen Gründen eingestellt:

Einstellungsmöglichkeiten			
↓	↓	↓	↓
Einstellung mangels Täterermittlung	Einstellung nach Opportunitätsgesichtspunkten z.B. §§ 153 ff. StPO; § 31 a BtMG	Einstellung mangels Nachweises, § 170 Abs. 2 StPO	Einstellung durch Verweisung auf den Weg der Privatklage, §§ 374 ff. StPO

3.5.1 Die Einstellung nach Opportunitätsgesichtspunkten

Die Staatsanwaltschaft und auch das Gericht können aus einer Reihe von Gründen das Verfahren aus Opportunitätsgesichtspunkte einstellen:

§ 153 StPO	→ Einstellung wegen Geringfügigkeit
§ 153 a StPO	→ Einstellung nach Erfüllung von Auflagen
§ 153 b StPO	→ Einstellung, wenn das Gericht von Strafe absehen könnte
§ 153 c StPO	→ Nichtverfolgung von Auslandstaten
§ 153 d StPO	→ Nichtverfolgung von politischen Straftaten
§ 153 e StPO	→ Einstellung bei tätiger Reue bei Staatsschutzdelikten

§ 153 f StPO	→ Einstellung bei Straftaten nach dem Völkerstrafgesetzbuch
§§ 154, 154 a StPO	→ Einstellung wegen unwesentlicher Nebendelikte
§ 154 b StPO	→ Einstellung wegen Auslieferung und Ausweisung
§ 154 c StPO	→ Einstellung bei Nötigungs- und Erpressungsopfern
§ 154 d StPO	→ Einstellung bei zivil- und verwaltungsgerichtlichen Vorfragen
§ 154 e StPO	→ Einstellung bei Anhängigkeit von Straf- oder Disziplinarverfahren bei falscher Verdächtigung oder Beleidigung
§ 154 f StPO	→ Vorläufige Einstellung bei Abwesenheit des Beschuldigten
§ 46 b StGB	→ sog. „Kronzeugenregelung“
§ 29 Abs. 5 BtMG	→ Drogenbesitz zum Eigenverbrauch in geringer Menge
§ 31 a BtMG	→ Drogenbesitz zum Eigenverbrauch in geringer Menge
§ 37 BtMG	→ Einstellung bei Durchführung einer Drogentherapie

Die in der Praxis wichtigsten Gründe sollen im Folgenden näher betrachtet werden:

Die Einstellung wegen Geringfügigkeit, § 153 StPO

Nach § 153 StPO kann die Staatsanwaltschaft ein Verfahren dann einstellen, wenn dieses ein Vergehen zum Gegenstand hat und zudem die Schuld des Täters als gering anzusehen **wäre**. Es ist somit nicht erforderlich, dass die Schuld nachgewiesen wird; ausreichend ist vielmehr, dass auf der Grundlage des bisherigen Ermittlungsstandes eine Verurteilung wahrscheinlich wäre. Als gering ist hierbei die Schuld dann anzusehen, wenn sie bei dem Vergleich mit Vergehen gleicher Art deutlich unter dem Durchschnitt liegen würde.

Als weitere Voraussetzung nennt § 153 StPO das Fehlen des öffentlichen Verfolgungsinteresses. Ein solches Interesse kann auch dann gegeben sein, wenn die Schuld als gering anzusehen wäre, z.B. aus Gründen der Spezial- und Generalprävention oder wenn ein Interesse der Allgemeinheit an der konkreten Straftat besteht.

Grundsätzlich bedarf die Staatsanwaltschaft nach § 153 Abs. 1 S. 1 StPO der Zustimmung des Gerichts. Nur bei kleineren Vergehen, die nicht im Mindestmaß mit einer erhöhten Strafe bedroht sind und bei denen die durch die Tat verursachten Folgen gering sind, kann die Staatsanwaltschaft allein entscheiden, § 153 Abs. 1 S. 2 StPO. Nach Erhebung der öffentlichen Klage entscheidet umgekehrt das Gericht mit Zustimmung der Staatsanwaltschaft über eine Einstellung wegen Geringfügigkeit, § 153 Abs. 2 StPO; hier ist dann anders als im Ermittlungsverfahren auch die Zustimmung des Angeschuldigten erforderlich.

Eine Entscheidung nach § 153 Abs. 1 StPO kann nicht in Rechtskraft erwachsen. Dies hat zur Folge, dass auch ohne neue Tatsachen oder Beweismittel eine Fortsetzung des Verfahrens möglich ist. Anders wird dies aber im Hinblick auf eine Entscheidung nach § 153 Abs. 2 StPO gesehen. Nach § 153 Abs. 2 S. 3 StPO ergeht die Entscheidung durch Beschluss; dieser ist nicht anfechtbar, § 153 Abs. 2 S. 4 StPO. Aufgrund dieser Regelung wird davon ausgegangen, dass der Beschluss einer beschränkten Rechtskraft fähig ist. Sehr umstritten ist hierbei jedoch, wie weit der Umfang dieser Rechtskraft reicht.

Verteidigungshinweise zu § 153 StPO

Um eine Verfahrenseinstellung nach § 153 StPO zu erreichen, sollte der Verteidiger gegenüber der Staatsanwaltschaft bzw. gegenüber dem Gericht folgende Kriterien herausarbeiten:

- nicht verwerfliche Motive des Mandanten
- die geringe kriminelle Intensität
- die geringen verschuldeten Tatfolgen
- ein etwaiges Bemühen um Schadenswiedergutmachung,
- ein Mitverschulden anderer
- einen materiellen oder immateriellen eigenen Schaden des Mandanten
- seine Belastungen durch das Strafverfahren
- fehlende Vorstrafen
- die Notwendigkeit umfangreicher weiterer Ermittlungen mit offenem Ausgang

Die Einstellung bei Erfüllung von Auflagen und Weisungen, § 153 a StPO

Die Möglichkeit der Einstellung nach § 153 a StPO steht der Staatsanwaltschaft dann offen, wenn

- es sich bei der betreffenden Tat um ein Vergehen handelt,
- bei dem die Schwere der Schuld einer Einstellung nicht entgegen steht,
- dem Beschuldigten Auflagen und Weisungen erteilt werden, die geeignet sind, das öffentliche Interesse an der Strafverfolgung zu beseitigen, und
- das Gericht und der Beschuldigte zugestimmt haben. Eine Ausnahme von der Zustimmung des Gerichts macht § 153 a Abs. 1 S. 7 StPO durch seine eingeschränkte Verweisung auf § 153 Abs. 1 S. 2 StPO.

Es besteht folglich anders als im Rahmen des § 153 StPO zunächst ein öffentliches Interesse an der Strafverfolgung, das aber aufgrund der dem

Beschuldigten erteilten Auflagen und Weisungen zurücktritt. Die ergehende, nicht anfechtbare Entscheidung ist jedoch nur eine vorläufige. Werden die Auflagen erfüllt, so tritt ein beschränkter Strafklageverbrauch ein, denn dann ist die Tat nicht mehr als Vergehen verfolgbar, § 153 a Abs. 1 S. 5 StPO. Stellt sich hingegen später heraus, dass es sich bei der Tat um ein Verbrechen gehandelt hat, so kann das Verfahren jederzeit wieder aufgenommen werden.

Nach Klageerhebung hat das Gericht mit Zustimmung der Staatsanwaltschaft und des Beschuldigten unter den oben genannten Voraussetzungen die Möglichkeit, das Verfahren unter Erteilung von Auflagen und Weisungen vorläufig einzustellen. Möglich ist dies aber nur bis zum Ende der Hauptverhandlung, in der die tatsächlichen Feststellungen letztmals geprüft werden können, § 153 a Abs. 2 S. 1 StPO. Folglich ist ein solches Vorgehen dem Revisionsgericht verwehrt.

Verteidigungshinweise zu § 153 a StPO

Wenn bei einer Verfahrenseinstellung nach § 153 a StPO die Zahlung eines Geldbetrages zu Gunsten der Staatskasse angeboten wird, dann sollte sich die Höhe des angebotenen Geldbetrages an den Maßstäben bei der Verhängung einer Geldstrafe sowie an der Höhe der bislang entstandenen Verfahrenskosten orientieren.

Die Einstellung wegen unwesentlicher Nebendelikte, §§ 154, 154 a StPO

Grundsätzlich muss aufgrund des Legalitätsprinzips für jede begangene Straftat ein Verfahren durchgeführt werden. Die §§ 154, 154 a StPO eröffnen die Möglichkeit, von diesem Prinzip abzuweichen, um den Strafprozess zu beschleunigen und zu vereinfachen. Die Unterscheidung zwischen den beiden Vorschriften erfolgt danach, ob es bei den begangenen Taten um selbstständige Taten im prozessualen Sinn (dann § 154 StPO) oder um ein- und dieselbe Tat im prozessualen Sinn handelt (dann § 154 a StPO). Eine **Tat im prozessualen Sinn** umfasst das gesamte Verhalten des Beschuldigten, soweit es nach natürlicher Auffassung einen einheitlichen Lebensvorgang darstellt.

Fällt somit bei mehreren selbstständigen Taten die einzustellende Tat neben einer anderen Tat nicht mehr beträchtlich ins Gewicht, so kann die Staatsanwaltschaft nach § 154 StPO das Verfahren vorläufig einstellen. Nach Klageerhebung kann sie dies beantragen und die Entscheidung obliegt dem Gericht.

Handelt es sich hingegen um dieselbe Tat im prozessualen Sinn, ist eine vorläufige Einstellung hinsichtlich derjenigen Teile der Tat möglich, die nicht beträchtlich ins Gewicht fallen, § 154 a StPO.

Ob die eingestellten Taten dennoch bei der Verurteilung der übrigen Taten strafschärfend berücksichtigt werden dürfen, ist äußert umstritten. Zumindest dann, wenn der Beschuldigte ausdrücklich unter Anwendung des § 265 StPO darauf hingewiesen wurde, dass sein Verhalten bezüglich der ausgeschiedenen Straftatbestände bei der Strafzumessung berücksichtigt werden wird, lässt der BGH eine solche Strafschärfung zu.

In beiden Fällen ist eine Wiederaufnahme des Verfahrens möglich, §§ 154 Abs. 3, 4 154 a Abs. 3 StPO.

Die Einstellung aufgrund der allgemeinen „Kronzeugenregelung“ des § 46 b StGB

Die Regelung des § 46 b StGB greift dann ein, wenn ein Täter eine Straftat begangen hat, die im Mindestmaß mit einer erhöhten oder mit einer lebenslangen Freiheitsstrafe bedroht ist, und er sein Wissen über Tatsachen offenbart, die entweder wesentlich dazu beitragen, dass eine Tat nach § 100 a Abs. 2 StPO aufgedeckt werden kann, oder dass eine solche Tat verhindert werden kann. In einem solchen Fall kann das Gericht entweder seine Strafe mildern oder sogar ganz von Strafe absehen; letzteres allerdings nur dann, wenn die Straftat ausschließlich mit zeitiger Freiheitsstrafe bedroht ist und der Täter keine Freiheitsstrafe von mehr als drei Jahren verwirkt hat.

Verteidigungshinweise zu § 46 b StGB

Will der Verteidiger seinem Mandanten raten, von der Kronzeugenregelung Gebrauch zu machen, so ist dies in der Hauptverhandlung nicht mehr möglich. Der Verteidiger muss somit darauf achten, dass diese Aufklärungshilfe bzw. Präventionshilfe bereits vor Eröffnung des Hauptverfahrens geleistet werden muss, siehe § 46 b Abs. 3 StGB.

Die Einstellungsmöglichkeiten nach §§ 29 Abs. 5, 31 a BtMG

Handelt es sich bei einer Straftat nach dem Betäubungsmittelgesetz um ein Vergehen, bei dem der Täter

- Betäubungsmittel unerlaubt anbaut, herstellt, erwirbt, veräußert etc. oder
- eine nach § 2 Abs. 1 Nr. 3 BtMG ausgenommene Zubereitung herstellt,

so kann nach § 31 a BtMG die Staatsanwaltschaft von der Verfolgung absehen, wenn als weitere Voraussetzungen

- die Schuld des Täters als gering anzusehen wäre,
- kein öffentliches Interesse an der Strafverfolgung besteht und
- der Täter die Betäubungsmittel lediglich zum Eigenverbrauch in geringer Menge anbaut, erwirbt etc.

Eine ähnliche Einstellungsmöglichkeit gewährt § 29 Abs. 5 BtMG dem Gericht. Diese Vorschrift ist jedoch insofern weiter gefasst, als dass das Erfordernis der „Geringe der Schuld des Täters“ und das „Fehlen des öffentlichen Interesses an der Strafverfolgung“ entfällt.

Das BVerfG hat in einer Entscheidung des Jahres 1994 die Länder verpflichtet, für eine im Wesentlichen einheitliche Einstellungspraxis zu sorgen. Eine komplette Vereinheitlichung liegt jedoch bis heute nicht vor.

So wird bereits das Vorliegen einer geringen Menge nicht einheitlich beurteilt. In den meisten Bundesländern wird eine geringe Menge bei Cannabis dann bejaht, wenn das Bruttogewicht weniger als 6 g beträgt, einige Bundesländer lassen aber auch Gewichte bis zu 15 g zu. Auch die Frage des öffentlichen Interesses wird in den einzelnen Bundesländern uneinheitlich beurteilt. Zumeist wird dieses jedoch bejaht, wenn eine Fremdgefährdung speziell von Kindern und nicht abhängigen Jugendlichen stattfindet, z. B. wenn die Tat in Schulen oder Jugendheimen und/ oder von Erziehern oder Lehrern begangen wird. Ein dritter Punkt, der von den jeweils zuständigen Staatsanwaltschaften unterschiedlich behandelt wird, ist die Frage danach, ob auch bei wiederholter Tatbegehung zum Eigenverbrauch die Vorschrift des § 31 a BtMG anwendbar ist.

Verteidigungshinweise zu den §§ 29 Abs. 5, 31 a BtMG

Falls ein Absehen von der Verfolgung bei geringen Mengen zum Eigenkonsum nach § 31 a BtMG und ein Absehen von Strafe nach § 29 Abs. 5 BtMG nicht in Betracht kommt, so besteht weiterhin die Möglichkeit einer Einstellung nach §§ 153, 153 a StPO. Eine diesbezügliche Anregung auf Verfahrenseinstellung sollte der Verteidiger in Fällen geringer Betäubungsmittelmengen regelmäßig vornehmen. Insbesondere wenn zwar die „geringe Menge“ überschritten ist, aber lediglich Besitz zum Eigenkonsum vorliegt, liegt eine Einstellung nach § 153 a StPO nahe. Eine Verwarnung mit Strafvorbehalt gem. § 59 StGB sollte der Verteidiger immer dann ins Spiel bringen, wenn das Gericht sich nicht zu einer Anwendung des § 29 Abs. 5 BtMG durchringen kann.

3.5.2 Die Einstellung mangels Nachweises

Besteht kein genügender Anlass zur Anklageerhebung, so hat die Staatsanwaltschaft das Verfahren einzustellen, § 170 Abs. 2 StPO. Dies ist der Fall, wenn

- ein Verfahrenshindernis besteht, z.B. Verjährung, oder
- ein hinreichender Tatverdacht fehlt oder
- der ermittelte Sachverhalt keinen Straftatbestand erfüllt.

Sind mehrere Straftaten verbunden, kann auch eine Teileinstellung erfolgen. Hierzu erfolgt eine Abtrennung der betreffenden Tat und deren anschließende Einstellung. Ebenso kann hierdurch auch ein Beschuldigter aus einem Verfahren ausgeschieden werden.

Durch eine Einstellung nach § 170 Abs. 2 StPO wird die Strafklage nicht verbraucht. Es ist möglich, das Ermittlungsverfahren wieder aufzunehmen, wenn neue Verdachtsmomente auftauchen.

Erfolgt eine derartige Verfahrenseinstellung, so sind grundsätzlich der Beschuldigte, sein Verteidiger und der Anzeigeerstatter zu bescheiden, § 171 StPO. Ist dieser letztgenannte Antragsteller zugleich Verletzter, so steht ihm sodann das in § 172 StPO geregelte Klageerzwingungsverfahren offen.

3.5.3 Verweisung auf den Weg der Privatklage

Bei den in § 374 StPO genannten Privatklagedelikten gilt das Anklagemonopol der Staatsanwaltschaft nicht. Vielmehr ist es der Staatsanwaltschaft hier nur dann möglich, Anklage zu erheben, wenn dies gemäß § 376 StPO im öffentlichen Interesse liegt. Anders als bei den Offizialdelikten kann der Geschädigte bei Ablehnung der Erhebung der öffentlichen Klage hier kein Klageerzwingungsverfahren anstreben. Vielmehr ist er auf den Privatklageweg verwiesen.

4 Strafverteidigung im Beschwerdeverfahren

Nach § 304 Abs. 1 StPO ist grundsätzlich gegen alle von den Gerichten im ersten Rechtszug oder im Berufungsverfahren erlassenen **Beschlüsse** und gegen **Verfügungen** des Vorsitzenden Richters, des Richters im Vorverfahren oder des beauftragten oder ersuchten Richters, die Beschwerde zulässig.

Ausgeschlossen ist die Beschwerde jedoch in folgenden Fällen:

- Nach § 304 Abs. 1 StPO, wenn das Gesetz ausdrücklich eine Anfechtung ausschließt, z. B. § 28 Abs. 1 StPO, § 46 Abs. 2 StPO, § 81 c Abs. 3 S. 4 StPO.
- Nach § 304 Abs. 3 StPO bei Kostenentscheidungen, wenn der Wert der Entscheidung unter 200,- € liegt.
- Nach § 304 Abs. 4 StPO gegen Beschlüsse und Verfügungen des BGH und des OLG, sofern sie nicht erstinstanzlich ergehen.
- Nach § 304 Abs. 5 StPO gegen Verfügungen des Ermittlungsrichters des OLG oder BGH, wenn diese nicht die Verhaftung, einstweilige Unterbringung, Beschlagnahme, Durchsuchung oder eine Maßnahme gemäß § 101 Abs. 1 StPO betreffen.
- Nach § 305 S.1 StPO Entscheidungen des erkennenden Gerichts, die der Urteilsfällung vorausgehen, soweit sie nicht Verhaftungen, einstweilige Unterbringungen, Beschlagnahmen, vorläufige Entziehungen der Fahrerlaubnis, vorläufige Berufsverbote oder Festsetzungen von Ordnungs- oder Zwangsmitteln betreffen. Ausgenommen sind folglich alle Entscheidungen, die in einem inneren zeitlichen und sachlichen Zusammenhang mit der Urteilsfällung stehen, die das Urteil vorbereiten und die somit mit der Berufung oder der Revision angegriffen werden können. Erkennendes Gericht ist dabei das Gericht, bei dem das Hauptverfahren anhängig ist. Dies kann auch das Berufungsgericht sein, und zwar ab dem Zeitpunkt, in welchem diesem die Akten nach § 321 StPO vorgelegt worden sind.

4.1 Die Beschwerde im Ermittlungsverfahren

Sehr häufig findet das Beschwerdeverfahren während des Ermittlungsverfahrens Anwendung. Denn es gibt zwar gegen ein Ermittlungsverfahren als solches keine Rechtsschutzmöglichkeit, gegen die einzelnen (Zwangs-) Maßnahmen stehen jedoch Rechtsbehelfe zur Verfügung.

Dabei richtet sich der betreffende Rechtsschutz entweder nach den Vorschriften über die Beschwerde gem. §§ 304 ff. StPO oder aber – zunächst -

nach § 98 Abs. 2 S. 2 StPO. Welche der genannten Vorschriften einschlägig ist, orientiert sich zum einen daran, wer die Anordnung getroffen hat, zum anderen aber auch daran, ob sich die Maßnahme bereits erledigt hat oder noch nicht. Vereinfacht ausgedrückt lässt sich sagen, dass die Anordnungen des Ermittlungsrichters grundsätzlich mit der Beschwerde nach § 304 StPO angegriffen werden können. Handeln hingegen die Staatsanwaltschaft, deren Ermittlungspersonen oder die Polizei und/oder richtet sich das Begehren gegen die Art und Weise der Durchführung der Maßnahme, erfolgt zunächst eine Anrufung des Ermittlungsrichters nach § 98 Abs. 2 S. 2 StPO direkt oder in analoger Anwendung. Dessen Entscheidung ist dann jedoch wieder mit der Beschwerde angreifbar.

Gerade im Ermittlungsverfahren spielt die Erledigung einer Maßnahme eine große Rolle, denn viele Anordnungen werden sofort vollzogen, so dass ein vorheriger Rechtsschutz hiergegen kaum möglich sein wird.

Beispiele:

- Eine Durchsuchung wird alsbald stattfinden, nachdem der Beschuldigte den Durchsuchungsbeschluss zur Kenntnis genommen hat.
- Bei der Durchsuchung gefundene Beweisstücke werden in der Regel sofort beschlagnahmt.
- Von einer Observation oder einer Überwachung der Telekommunikation wird der Beschuldigte zumeist erst dann Kenntnis erlangen, wenn die betreffende Maßnahme bereits abgeschlossen ist.

Zur Verdeutlichung der Rechtsbehelfsmöglichkeiten dient das folgende Schaubild:

<table>
<tr><th colspan="8">Zwangsmaßnahme</th></tr>
<tr><td colspan="4">↓</td><td colspan="4">↓</td></tr>
<tr><td colspan="4">Von der StA angeordnet</td><td colspan="4">Vom Richter angeordnet</td></tr>
<tr><td colspan="2">↓</td><td colspan="2">↓</td><td colspan="2">↓</td><td colspan="2">↓</td></tr>
<tr><td colspan="2">Vor Erledigung</td><td colspan="2">Nach Erledigung</td><td colspan="2">Vor Erledigung</td><td colspan="2">Nach Erledigung</td></tr>
<tr><td>↓</td><td>↓</td><td>↓</td><td>↓</td><td>↓</td><td>↓</td><td>↓</td><td>↓</td></tr>
<tr><td>gg. Art u. Weise der Durchführung</td><td>gg. die Anordnung selbst</td><td>gg. Art u. Weise der Durchführung</td><td>gg. die Anordnung selbst</td><td>gg. Art und Weise der Durchführung</td><td>gg. die Anordnung selbst</td><td>gg. Art und Weise der Durchführung</td><td>gg. die Anordordnung</td></tr>
<tr><td>↓</td><td>↓</td><td>↓</td><td>↓</td><td>↓</td><td>↓</td><td>↓</td><td>↓</td></tr>
<tr><td colspan="2">§ 98 Abs. 2 S. 2 StPO (direkt oder analog) Beachte: lex specialis z.B. §§ 111 e Abs. 2 S. 3, 161 a Abs. 3 S. 1 StPO</td><td colspan="2">§ 98 Abs. 2 S. 2 StPO analog</td><td>§ 98 Abs. 2 S. 2 StPO (direkt oder analog)</td><td>§ 304 StPO</td><td>§ 98 Abs. 2 S. 2 StPO analog</td><td>§ 304 StPO</td></tr>
<tr><td colspan="8">Zuständig</td></tr>
<tr><td colspan="2">↓</td><td colspan="2">↓</td><td>↓</td><td>↓</td><td>↓</td><td>↓</td></tr>
<tr><td colspan="4">ErmR des AG</td><td>ErmR des AG</td><td>LG</td><td>ErmR des AG</td><td>LG</td></tr>
<tr><td colspan="8">Weiterer Rechtsschutz gegen diese Entscheidung</td></tr>
<tr><td colspan="4">↓</td><td>↓</td><td>↓</td><td>↓</td><td>↓</td></tr>
<tr><td colspan="4">Beschwerde vor dem LG</td><td>Beschwerde vor dem LG</td><td>grds. (-); Ausn.: § 310 Abs. 1 StPO</td><td>Beschwerde vor dem LG</td><td>grds. (-); ggf.: VerfB</td></tr>
</table>

4.2 Der Ablauf einer Beschwerde

Im Beschwerdeverfahren findet eine Überprüfung der angegriffenen Entscheidung sowohl in rechtlicher als auch in tatsächlicher Hinsicht statt.

Man unterscheidet drei Arten der Beschwerde:

- die einfache Beschwerde nach § 304 StPO
- die sofortige Beschwerde nach § 311 StPO
- die weitere Beschwerde nach § 310 StPO

4.2.1 Die einfache Beschwerde

Der Normalfall ist die einfache Beschwerde. Ihr kommt nach § 307 Abs. 1 StPO kein Suspensiveffekt zu. Eine Ausnahme hiervon besteht nur dann, wenn die Aussetzung der Vollziehung der Entscheidung vom Ausgangs- oder Beschwerdegericht ausdrücklich angeordnet wird, § 307 Abs. 2 StPO.

Ein Devolutiveffekt der Beschwerde ist jedoch meist gegeben, denn die Entscheidung hierüber wird im Grundsatz von der nächsthöheren Instanz getroffen.

Beschluss/ Verfügung von:	Zuständigkeit bzgl. Beschwerde:
Richter beim AG	→ große Strafkammer des LG gem. §§ 73 Abs. 1, 76 Abs. 1 GVG
Vorsitzender Richter LG / Ermittlungsrichter OLG	→ OLG gem. § 120 III, IV, 121 I Nr. 2 GVG
OLG gem. §§ 138 d Abs. 6 S. 1, 304 Abs. 4 S. 2, 310 Abs. 1 StPO; Ermittlungsrichter des BGH, § 304 Abs. 5 StPO	→ BGH, § 135 Abs. 2 StPO

Da die Beschwerde nach § 306 Abs. 1 StPO bei dem Gericht einzulegen ist, dessen Entscheidung angefochten wird, hat dieses Ausgangsgericht zunächst die Möglichkeit, der Beschwerde abzuhelfen, wenn es sie für begründet erachtet, § 306 Abs. 2 S. 1 StPO. Tut es dies nicht, legt es die Beschwerde sofort, spätestens vor Ablauf von 3 Tagen, dem oben genannten Beschwerdegericht vor.

Die einfache Beschwerde ist weder fristgebunden noch bedarf sie einer besonderen Form. Berechtigt zur Einlegung sind neben dem Beschuldigten und der Staatsanwaltschaft auch Zeugen, Sachverständige oder andere

Personen, die durch den angegriffenen Beschluss oder die angegriffenen Verfügung betroffen sind, § 304 Abs. 2 StPO.

Die Entscheidung ergeht grundsätzlich ohne mündliche Verhandlung, in geeigneten Fällen erfolgt jedoch eine Anhörung der Staatsanwaltschaft, § 309 Abs. 1 StPO. Im Vorfeld der Entscheidung kann das Gericht Ermittlungen anordnen oder sie selbst vornehmen, § 308 Abs. 2 StPO.

Nach § 308 Abs. 1 StPO kann das Beschwerdegericht die angefochtene Entscheidung auch zum Nachteil des Gegners des Beschwerdeführers ändern, wenn diesem zuvor die Beschwerde zur Gegenerklärung mitgeteilt worden ist.

4.2.2 Die sofortige Beschwerde

Die sofortige Beschwerde nach § 311 StPO findet nur statt, wenn sie vom Gesetz ausdrücklich angeordnet wird.

Beispiele:

- Bei der Richterablehnung, § 28 Abs. 2 S. 1 StPO
- Gegen den Beschluss zur Unterbringung und Beobachtung des Beschuldigten, § 81 Abs. 4 S. 1 StPO (hier ist zudem zu beachten, dass diese sofortige Beschwerde Suspensiveffekt hat, § 81 Abs. 4 S. 2 StPO)
- Gegen den Beschluss über die Hauptverhandlung in Abwesenheit des Angeklagten bei vorsätzlich herbeigeführter Verhandlungsunfähigkeit, § 231 a Abs. 3 S. 3 StPO
- Gegen Beschlüsse im Rahmen eines Wiederaufnahmeverfahrens, § 372 StPO

Im Gegensatz zur einfachen Beschwerde unterliegt die sofortige Beschwerde gemäß § 311 Abs. 2 StPO einer Frist. Sie kann nur innerhalb einer Woche nach Bekanntmachung der Entscheidung angefochten werden. Ein weiterer Unterschied zur einfachen Beschwerde besteht darin, dass das Ausgangsgericht der sofortigen Beschwerde grundsätzlich nicht abhelfen kann. Dies ist nur ausnahmsweise möglich, wenn das Gericht Tatsachen und Beweisergebnisse zum Nachteil des Beschwerdeführers verwertet hat, zu denen dieser noch nicht gehört worden ist, § 311 Abs. 3 S. 2 StPO.

4.2.3 Die weitere Beschwerde

Gegen die Entscheidungen des Beschwerdegerichts ist das Rechtsmittel der weiteren Beschwerde nur in den Ausnahmefällen des § 310 Abs. 1 StPO statthaft. Hierzu muss es sich zum einen um eine Beschwerdeentscheidung des Landgerichts oder des nach § 120 Abs. 3 GVG zuständigen

Oberlandesgerichts handeln. Zum anderen muss die angefochtene Entscheidung entweder eine Verhaftung, eine einstweilige Unterbringung oder eine Anordnung des dinglichen Arrestes nach § 111 b Abs. 2 in Verbindung mit § 111 d StPO über einen Betrag von mehr als 20000,- € betreffen.

Zuständig für die Entscheidung über die weitere Beschwerde ist gemäß § 121 Abs. 1 Nr. 2 GVG grundsätzlich das OLG. Handelt es sich um eine weitere Beschwerde gegen einen Beschluss des OLG nach § 120 Abs. 3 GVG, so ist nach § 135 Abs. 2 GVG der BGH zuständig.

4.3 Verteidigungshinweise

Der Verteidiger muss besonders darauf achten, dass die Verfügungen und Beschlüsse der erkennenden Gerichte, die der Urteilsfällung vorausgehen, unanfechtbar sind. Dies sind beispielsweise die Terminsbestimmung, die Abtrennung und die Verbindung von Strafverfahren, die Aussetzung oder die Zurückweisung eines Verteidigers wegen Mehrfachverteidigung. Anfechtbar ist dagegen die Verweigerung eines Pflichtverteidigers oder die Verweigerung eines bestimmten Pflichtverteidigers. Ein Bewährungsbeschluss nach § 268 a StPO kann gem. 305 a StPO nur mit der Begründung angefochten werden, dieser habe eine gesetzwidrige Anordnung zum Inhalt.

Der Verteidiger sollte überdies wissen, dass unanfechtbare Beschwerdeentscheidungen nach der Rechtsprechung einer Überprüfung ausnahmsweise dann zugänglich sind, wenn diese Entscheidungen „greifbar grob gesetzeswidrig“, also letztlich Willkürentscheidungen sind. Anerkannt ist auch, dass gegen unanfechtbare Beschwerdeentscheidungen die sogenannte Gegenvorstellung als atypischer Rechtsbehelf statthaft ist. In geeigneten Fällen sollte ein Verteidiger diesen Weg durchaus beschreiten, etwa wenn das Gericht Tatsachen übersehen oder rechtlich ganz falsch entschieden hat. Eine Gegenvorstellung sollte jedoch niemals aggressiv, sondern immer sachlich vorgetragen werden.

5 Strafverteidigung im Zwischenverfahren

Nach Abschluss des Ermittlungsverfahrens erhebt die Staatsanwaltschaft öffentliche Klage durch Übersendung der Anklageschrift und der Akten gemäß § 199 Abs. 2 StPO an das zuständige Gericht. Dies leitet zugleich in das Zwischenverfahren über. Der Beschuldigte wird nunmehr zum Angeschuldigten. Die Anklageschrift muss dabei den Erfordernissen des § 200 StPO genügen und sieht beispielhaft folgendermaßen aus, wobei darauf hinzuweisen ist, dass der Aufbau von Bundesland zu Bundesland variieren kann:

Staatsanwaltschaft Musterstadt — Musterstadt, den 11.11.2011
- 11 Js 1111/11 -

An das
Amtsgericht
- Schöffengericht -
Musterstadt

ANKLAGESCHRIFT

Die Schmuckdesignerin Naomi F., geboren am 11.11.1980 in Musterstadt, wohnhaft Musterstr. 11, 11111 Musterstadt, Deutsche, ledig,

Verteidiger: Rechtsanwalt Dr. B. Währung, Musterstadt

wird angeklagt,

in Musterstadt

am 09.09.2009

eine andere Person mittels eines gefährlichen Werkzeugs und einer das Leben gefährdenden Behandlung an der Gesundheit geschädigt zu haben.

Der Angeschuldigten wird Folgendes zur Last gelegt:

In der Nacht zum 09.09.2009 übernachtete die Angeschuldigte gemeinsam mit ihrer dreijährigen Tochter Paris in der Wohnung ihrer Mutter, der Zeugin Rosemarie F. Am Morgen des 09.09.2009 kam es gegen 9.00 Uhr zu einem Streit zwischen der Angeschuldigten und ihrer inzwischen erheblich alkoholisierten Mutter. Auslöser dieses Streits war, dass die Zeugin Rosemarie F. das Kind Paris aggressiv beschimpft hat. Die Angeschuldigte stellte sich der Zeugin Rosemarie F. in den Weg und schlug ihr mit einer Vase auf den Kopf. Als die Zeugin auch daraufhin nicht von ihren Beschimpfungen und ihrem aggressiven Verhalten abließ, ergriff die Angeschuldigte ein Küchenmesser und fügte der Zeugin drei

Stichwunden im Brustbereich zu. Außerdem versetzte sie ihr insgesamt vier Stiche in den Rücken. Die Stichverletzungen im Brustbereich führten zu einem lebensgefährlichen Pneumothorax. Da die Angeschuldigte jedoch unmittelbar nach der Tat die Polizei angerufen und dadurch für sofortige ärztliche Hilfe gesorgt hatte, konnte das Leben der Zeugin Rosemarie F. durch eine sofortige Notoperation gerettet werden.

Vergehen nach §§ 223, 224 Abs. 1 Nr. 2 und 5 StGB.

Beweismittel:

I. Einlassung der Angeschuldigten

II. Zeugen:

1. Rosemarie F., Stichstraße 11, 11111 Musterstadt

2. Lukas P., Querpass 11 , 11111 Musterstadt

3. Prof. Dr. Trinkmann, zu laden über das Städtische Krankenhaus Musterstadt

4. KHK Schreck, zu laden über die Kreispolizeibehörde Musterstadt

III. Sachverständige:

1. Dr. Quincy, Friedhof 11, 11111 Musterstadt

2. Dr. Siegmund Freud, Traumstr. 11, 11111 Musterstadt

IV. Objekt des richterlichen Augenscheins:

Steakmesser der Marke „Wahnsinn“, Klingenlänge 333 mm, asserviert unter der Nr. 4711

Wesentliches Ergebnis der Ermittlungen:

Die Angeschuldigte hat die ihr zur Last gelegte Tat bei ihrer polizeilichen Vernehmung in vollem Umfang eingeräumt. Abschließend hat sie erklärt, der Vorfall tue ihr sehr leid, sie habe aber keine andere Möglichkeit gesehen, ihre Tochter Paris vor den Angriffen der Zeugin Rosemarie F. zu schützen.

Rechtlich ist die Tat der Angeschuldigten lediglich als gefährliche Körperverletzung gem. § 223, 224 Abs. 1 Nr. 2 und 5 StGB zu werten. Selbst wenn die Angeschuldigte bei der Tatausführung mit bedingtem Tötungsvorsatz gehandelt haben sollte, so ist sie von einem eventuellen Tötungsversuch jedenfalls gem. § 24 StGB mit strafbefreiender Wirkung zurückgetreten, als sie unmittelbar nach der Tat die Polizei anrief und sich damit freiwillig und ernsthaft bemüht hat, die Vollendung der Tat zu verhindern.

> Es wird beantragt,
>
> das Hauptverfahren vor dem Amtsgericht -Schöffengericht- in Musterstadt zu eröffnen.
>
> Hinrich Tung,
>
> Staatsanwalt

5.1 Der Ablauf des Zwischenverfahrens

Im Zwischenverfahren entscheidet das Gericht über die Eröffnung des Hauptverfahrens. Das Zwischenverfahren hat die Aufgabe, den Beschuldigten davor zu bewahren, aufgrund einer unbegründeten Anklage „vor Gericht gezogen" zu werden.

Sobald die betreffenden Akten dem Gericht vorliegen, teilt der Gerichtsvorsitzende gemäß § 201 StPO die Anklageschrift dem Angeschuldigten mit und bestimmt gleichzeitig eine Einlassungsfrist. Dies bedeutet eine Aufforderung an den Angeschuldigten, Beweisanträge oder Einwendungen vorzutragen. Handelt es sich um einen Fall der notwendigen Verteidigung wählt der Angeschuldigte keinen Verteidiger, so wird nunmehr ein Pflichtverteidiger nach § 141 Abs. 1 StPO bestellt. Gegebenenfalls ordnet das Gericht zusätzliche Beweiserhebungen an. Alle diese Überprüfungen wie auch die Entscheidung über die Eröffnung selbst sind nichtöffentlich. Ist das Schöffengericht zuständig, sind in diesem Abschnitt des Verfahrens die Schöffen noch nicht beteiligt, da es sich um eine Entscheidung außerhalb der Hauptverhandlung handelt, §§ 30 Abs. 2, 76 Abs. 1 S. 2 StPO.

Das Zwischenverfahren endet schließlich gemäß § 203 StPO mit dem gerichtlichen Beschluss über die Eröffnung des Hauptverfahrens, wenn der Angeschuldigte einer Straftat hinreichend verdächtig erscheint. Wenn dagegen nach der Tatbewertung im Zwischenverfahren die spätere Verurteilung unwahrscheinlich ist und vielmehr ein Freispruch zu erwarten ist, dann beschließt das Gericht gemäß § 204 StPO, das Hauptverfahren nicht zu eröffnen. Weiterhin hat das Gericht auch die Möglichkeit, das Verfahren entweder aus Opportunitätsgründen nach § 153 ff. StPO oder gemäß § 205 StPO vorläufig einzustellen.

In dem Eröffnungsbeschluss wird das Gericht bezeichnet, vor dem die Hauptverhandlung stattfinden soll, § 207 Abs. 1 StPO. Nach § 207 Abs. 2 StPO kann in diesem Beschluss auch von der Anklageschrift der Staatsanwaltschaft abgewichen werden. Nicht zulässig ist dabei jedoch die Einbeziehung eines weiteren Angeklagten oder die Einbeziehung einer neuen Tat im Sinne des § 264 StPO.

5.2 Verteidigungshinweise

Zunächst sollte der Verteidiger darauf achten, dass die Einlassungsfrist so bemessen sein muss, dass eine eingehende Beratung mit dem Mandanten gemessen an dem Umfang und der Schwierigkeit der Sache möglich ist. Dies gilt insbesondere für den Fall, dass der Mandant sich in Untersuchungshaft befindet. Gegebenenfalls sollte der Verteidiger also einen Antrag auf Verlängerung der Einlassungsfrist stellen. Er sollte diesen Antrag begründen und zugleich mitteilen, welche Frist er als angemessen erachtet. Wenn der Verteidiger gleichzeitig Akteneinsicht beantragt, so sollte er klarstellen, dass die Einlassungsfrist erst nach erhaltener Akteneinsicht zu laufen beginnen soll.

Im Zwischenverfahren kann es auch sinnvoll sein, den Kontakt zum Gericht zu suchen, um den Ablauf des weiteren Verfahrens zu klären. Insbesondere sollte klargestellt werden, in welchem Umfang im Falle der Eröffnung Beweise erhoben werden sollen, damit die Dauer der Hauptverhandlung zumindest ungefähr vorherbestimmt werden kann.

Auch wenn der Verteidiger eine Ablehnung der Eröffnung nur sehr selten wird erreichen können, so sollte er doch zumindest in einer Einlassung zur Anklageschrift die Gelegenheit nutzen, dem Gericht gegenüber klarzustellen, worin die Schwachpunkte der Anklageschrift liegen. Besonders sollte die Zuständigkeit des Gerichts, das Bestehen von Verfahrenshindernissen sowie eine möglicherweise fehlende Umgrenzungsfunktion der Anklageschrift geprüft werden.

Soweit erforderlich, sollte sich eine Erklärung zur Anklageschrift auch mit der Einholung eines Schuldfähigkeitsgutachtens auseinander setzen.

6 Strafverteidigung im Hauptverfahren

Das Kernstück des Hauptverfahrens ist die Hauptverhandlung. Um diese zu ermöglichen, hat das Gericht jedoch noch Vorbereitungsmaßnahmen zu treffen.

6.1 Die Vorbereitung der Hauptverhandlung

Zunächst erfolgt die Terminsetzung, § 213 StPO, durch den Vorsitzenden des Gerichts. Er lädt die Beteiligten, § 214 StPO, wobei er nach § 217 StPO eine Ladungsfrist von mindestens einer Woche zu beachten hat. Die Staatsanwaltschaft hat in dieser Lage des Verfahrens das Recht, neben den in der Anklageschrift bereits bezeichneten Zeugen und Sachverständigen weitere Personen zu laden, § 214 Abs. 3 StPO. Ferner hat die Herbeischaffung der Beweismittel zu erfolgen, § 214 Abs. 3 StPO, welche entweder vom Gericht oder von der Staatsanwaltschaft bewirkt werden kann.

Auch der Angeklagte hat in dieser Vorbereitungsphase die Möglichkeit, dahingehende Anträge bei dem Vorsitzenden des Gerichts zu stellen, dass von ihm benannte Zeugen oder Sachverständige geladen werden oder dass die Herbeischaffung anderer als der bereits genannten Beweismittel erfolgen soll. Diese Anträge muss er unter Angabe der Tatsachen stellen, über die der Beweis erhoben werden soll, § 219 Abs. 1 S. 1 StPO. Der Vorsitzende entscheidet hierüber durch Verfügung.

Das Gericht hat zudem die Möglichkeit, in besonderen Ausnahmefällen Beweiserhebungsmaßnahmen vorzuziehen.

Beispiele:

- Zeugenvernehmung durch beauftragten oder ersuchten Richter wegen Unzumutbarkeit des Erscheinens eines Zeugen oder Sachverständigen aufgrund schwerer Krankheit, § 223 Abs. 1 StPO, oder zu großer Entfernung, § 223 Abs. 2 StPO
- In-Augenschein-Nahme von Beweismitteln durch beauftragten oder ersuchten Richter, § 225 StPO

6.2 Der Ablauf der Hauptverhandlung im Überblick

Die Hauptverhandlung beginnt mit dem Aufruf der Sache (§ 243 Abs. 1 Satz 1 StPO). Dann stellt der Gerichtsvorsitzende zunächst fest, ob der Angeklagte und der Verteidiger anwesend und die geladenen Zeugen und Sachverständigen erschienen sind (§ 243 Abs. 1 Satz 2 StPO). Im Anschluss hieran belehrt der Vorsitzende die Zeugen und Sachverständigen. Nachdem sodann die Zeugen den Sitzungssaal verlassen haben, vernimmt der Vorsitzende den Angeklagten über seine persönlichen Verhältnisse (§ 243 Abs. 2 StPO). Darauf verliest der Staatsanwalt die Anklage (§ 243 Abs. 3 StPO). Sodann teilt der Vorsitzende mit, ob eine vorgerichtliche Erörterung des Verfahrens nach §§ 202 a, 212 StPO stattgefunden hat, falls deren Gegenstand die Möglichkeit einer Verständigung nach § 257 c StPO war. Danach findet die Vernehmung des Angeklagten zur Sache statt, falls dieser nach Belehrung über sein Schweigerecht aussagebereit ist (§ 243 Abs. 4 StPO). Nach der Vernehmung des Angeklagten folgt die Beweisaufnahme. Einzelheiten der Beweisaufnahme regeln die §§ 244 bis 257 StPO. Nach dem Schluss der Beweisaufnahme erfolgt das Plädoyer des Staatsanwalts und anschließend dasjenige des Verteidigers (§ 258 Abs. 1 StPO). Der Angeklagte hat in jedem Fall das letzte Wort (§ 258 Abs. 2 und Abs. 3 StPO). Die Hauptverhandlung schließt gemäß § 260 Abs. 1 StPO mit der auf die Beratung folgenden Verkündung des Urteils.

Die Hauptverhandlung ist grundsätzlich öffentlich, § 169 S. 1 GVG. Dies bedeutet, dass jeder im Rahmen der tatsächlichen Möglichkeiten als Zuschauer anwesend sein darf. Dieses Recht wird jedoch in einigen Fällen eingeschränkt.

Beispiele:

- Die Hauptverhandlung hat die Unterbringung des Beschuldigten in einem psychiatrischen Krankenhaus oder einer Erziehungsanstalt allein oder neben einer Strafe zum Gegenstand, § 171 a GVG.
- Es ist eine besondere Gefährdungslage zu bejahen, § 172 GVG, z. B. wenn eine Gefährdung des Lebens, des Leibs oder der Freiheit eines Zeugen oder einer anderen Person vorliegt, § 172 Nr. 1 a GVG, oder wenn Personen unter 18 Jahren vernommen werden, § 172 Nr. 4 GVG.
- Bei Hauptverhandlungen gegen Jugendliche, § 48 Abs. 1 JGG. Bei Heranwachsenden kann die Öffentlichkeit ausgeschlossen werden, falls das Interesse des Heranwachsenden dies gebietet, § 109 Abs. 1 S. 4 GVG.

Ton und Filmaufnahmen für Rundfunk, Fernsehen oder andere Zwecke der öffentlichen Vorführung sind während der Hauptverhandlung nicht erlaubt, § 169 S. 2 GVG. Dieses Verbot erstreckt sich auf die gesamte Verhandlung unter Einschluss der Entscheidungsverkündung und steht nicht zur Disposition des Gerichts. Erlauben kann es hingegen Aufnahmen vor Beginn der Hauptverhandlung, nach deren Ende und in den Verhandlungspausen nach Abwägung der schutzwürdigen Rechte und Interessen der Beteiligten gegenüber dem Informationsinteresse der Allgemeinheit. Ton bzw. Filmaufzeichnungen für justizinterne Zwecke sind ebenfalls grundsätzlich zulässig. Darüber hinaus kann sogar dem Verteidiger die Aufzeichnung von Teilen der Hauptverhandlung gestattet worden. Voraussetzung hierfür ist, dass ein Missbrauch ausgeschlossen ist und ein berechtigtes Verteidigungsinteresse dargelegt wird.

6.3 Die Vernehmung des Angeklagten

Die Vernehmung des Angeklagten zur Person nach § 243 Abs. 2 S. 2 StPO vor der Verlesung der Anklage dient der Identifizierung des Angeklagten. Die zu erfragenden Angaben betreffen somit nur Vor-, Familien- und Geburtsnamen, Geburtsort und -tag, Familienstand, Wohnort und Staatsangehörigkeit, vgl. auch § 111 OWiG. Alle darüber hinaus gehenden Angaben, wie solche zum beruflichen Werdegang oder zur wirtschaftlichen Situation, gehören zur Vernehmung zur Sache. Auch sollen eventuelle Fragen zu Vorverurteilungen des Angeklagten nach § 243 Abs. 5 Satz 3 StPO bis zum Ende der Beweisaufnahme zurückgestellt werden. Überdies ist eine Verlesung insoweit nur erforderlich, als diese Vorverurteilungen tatsächlich für dieses Verfahren von Bedeutung sind.

Nach der Verlesung des Anklagesatzes durch die Staatsanwaltschaft und einer eventuellen Erörterung einer erfolgten Verständigung nach § 257 c StPO erfolgt dann die Belehrung des Angeklagten über sein Schweigerecht und dessen eventuelle Einvernahme zur Sache, § 243 Abs. 5 StPO.

Dem Angeklagten steht es frei, sich zu äußern. Tut er dies nicht, so darf es nicht zu seinem Nachteil gewertet werden. Entscheidet er sich, zur Sache auszusagen, so kann er auch noch während seiner Aussage seine Meinung ändern und von seinem Schweigerecht Gebrauch machen. Alles, was er bis dahin in der Hauptverhandlung gesagt hat, bleibt aber verwertbar.

Eine bestimmte Form hinsichtlich einer Aussage ist nicht vorgeschrieben. In Anlehnung an § 136 Abs. 2 StPO soll die Einlassung zur Sache jedoch durch den Angeklagten selbst und in mündlicher Form erfolgen. Möglich ist dabei aber, dass der Angeklagte sich an von ihm vorbereitete schriftliche Notizen anlehnt. Zudem muss es dem Angeklagten möglich sein, sich im Zusammenhang zu äußern.

Dem Gericht, dem Verteidiger und den übrigen Verfahrensbeteiligten (mit Ausnahme eines eventuellen Mitangeklagten) steht bei der Vernehmung ein Fragerecht zu, §§ 240 Abs. 1, 2 StPO.

Verteidigungshinweise

- Bei der Frage, ob der Angeklagte sich nach Verlesung der Anklageschrift zur Sache einlässt oder nicht, sollte der Verteidiger auch berücksichtigen, ob der Angeklagte in der Lage ist, einer Befragung durch Richter und Staatsanwalt Stand zu halten. Andererseits ist aber auch zu bedenken, dass eine geständige Einlassung und die Mitteilung von Motivationen und Hintergründen der Tat für die Rechtsfolgenbemessung von großer Bedeutung sein kann. Letzteres ist insbesondere dann anzuraten, wenn der Angeklagte in der Hauptverhandlung ohnehin durch andere Beweismittel überführt werden wird.
- Ein Geständnis des Angeklagten nach der Beweisaufnahme hat ein erheblich geringeres Strafmilderungspotential.
- Auch während der Vernehmung sollte der Verteidiger genau darauf achten, wie die Befragung sich gestaltet. Hält er die vom Gericht oder von den übrigen Verfahrensbeteiligten gestellten Fragen für unzulässig, so sollte er dies beanstanden und möglicherweise sogar eine Entscheidung des Gerichts hierzu herbeiführen.
- Der Verteidiger sollte beachten, dass das Gericht nicht verpflichtet ist, eine schriftlich vorbereitete Erklärung, welche die Einlassung des Angeklagten enthält, zu Protokoll zu nehmen.

6.4 Die Beweisaufnahme

Das „Herzstück" der Hauptverhandlung bildet die in den §§ 244 ff. StPO geregelte Beweisaufnahme. In dieser werden mit den gesetzlich zugelassenen Beweismitteln diejenigen Tatsachen und Erfahrungssätze ermittelt, die für die Entscheidung des Gerichts von Bedeutung sind. Da nach § 261 StPO das Gericht nach seiner freien, aus dem Inbegriff der Verhandlung geschöpften Überzeugung entscheidet, muss Beweis erhoben werden zu allen entscheidungserheblichen Tatsachen, sofern der Angeklagte diese nicht gestanden hat oder sie offenkundig sind, und zu allen Erfahrungssätzen, sofern diese nicht Allgemeingültigkeit besitzen. Aber auch dann, wenn offenkundige Tatsachen oder Erfahrungssätze verwendet werden, müssen diese in der Verhandlung selbst zur Sprache kommen.

6.4.1 Streng- und Freibeweis

Die geschilderten Anforderungen betreffen jedoch nur das sogenannte Strengbeweisverfahren, nicht hingegen das Freibeweisverfahren.

- Geht es um Feststellungen zu Schuld- und Rechtsfolgentatsachen, folglich um Fragen der Sachentscheidung im Hauptverfahren, so findet das in den §§ 244 bis 256 StPO geregelte **Strengbeweisverfahren** Anwendung. Hier sind sowohl die Prozessmaximen der Öffentlichkeit (§ 169 GVG), Mündlichkeit (§ 261 StPO) und Unmittelbarkeit zu beachten als auch die in der in der StPO abschließend geregelten Beweismittel (Zeugen, Sachverständige, Urkunden und Augenschein).

- Für alle Beweiserhebungen außerhalb der Hauptverhandlung und für die Feststellung von Prozessvoraussetzungen und sonstigen prozesserheblichen Tatsachen in der Hauptverhandlung gilt das **Freibeweisverfahren**. Hier liegt weder eine Bindung an die Prozessmaximen der Öffentlichkeit, Mündlichkeit und Unmittelbarkeit noch eine solche an den Beweismittelkatalog vor. Es können vielmehr alle Beweismittel verwendet werden, die nicht verboten sind.

Beispiele:

- Anruf bei dem Freund der Beschuldigten durch den Staatsanwalt, um deren Alibi zu überprüfen
- Überprüfung der tatsächlichen Voraussetzungen der Eidesverbote gem. § 60 StPO

Dennoch kann auch hier nicht nach Belieben verfahren werden. Vielmehr müssen z. B. die Amtsaufklärungspflicht, die Zeugnisverweigerungsrechte und der Grundsatz des rechtlichen Gehörs beachtet werden.

- Sind Tatsachen sowohl materiell, d. h. für die Schuld- und Rechtsfolgenfrage, als auch formell, d. h. für die Prozessentscheidungen, von Bedeutung, spricht man von **doppeltrelevanten Tatsachen**.

Beispiel:

Das Alter des Angeklagten ist unklar, er könnte eventuell Heranwachsender oder gar Jugendlicher sein:

↓

Dies betrifft zum einen die Frage der Zuständigkeit nach § 108 JGG und zum anderen die Frage der Anwendbarkeit von Jugend- oder Erwachsenenstrafrecht, § 105 StPO.

Hier sind grundsätzlich die Regeln des Strengbeweises anzuwenden, außer wenn die betreffende Beweisaufnahme zunächst nur der Entscheidung über Prozesstatsachen dient.

6.4.2 Die Amtsaufklärungspflicht

Eine Ausprägung des Untersuchungsgrundsatzes ist die in § 244 Abs. 2 StPO verankerte Amtsaufklärungspflicht. Hiernach hat das Gericht zur

Erforschung der Wahrheit von Amts wegen die Beweisaufnahme auf alle Tatsachen und Beweismittel zu erstrecken, die für die Entscheidung von Bedeutung sind. Folglich muss sich der Richter um die bestmögliche Beweisermittlung bemühen. Diese Pflicht reicht so weit, wie Umstände, die dem Gericht bekannt sind oder hätten bekannt sein müssen, das Gericht zum Gebrauch bestimmter weiterer Beweismittel drängen oder ihm zumindest nahe legen. Die Aufklärungspflicht ist auch dann zu bejahen, wenn nur die entfernte Möglichkeit einer Änderung der bislang gewonnenen Sicht von dem zu beurteilenden Sachverhalt besteht.

6.4.3 Das Beweisantragsrecht

Neben der Amtsaufklärungspflicht des Gerichts räumt die StPO zur Erforschung der Wahrheit den übrigen Verfahrensbeteiligten ein eigenes Initiativrecht in Form des Beweisantragsrechts ein, §§ 244 Abs. 3 bis 6 StPO. Aufgrund seiner Aufklärungspflicht ist das Gericht zur Entgegennahme und ordnungsgemäßen Verbescheidung eines solchen Antrags verpflichtet.

Der **Beweisantrag** muss dabei folgende Voraussetzungen erfüllen:

1. Es muss sich um einen **Antrag** handeln, eine bloße Anregung genügt nicht.
2. Als Beweisthema muss eine **bestimmte Beweistatsache** angeführt sein, über die Beweis erhoben werden soll. Allgemeine Aussagen oder Werturteile genügen hier nicht. Beispiel für eine Beweistatsache: „Der Angeklagte war zur Tatzeit nicht am Tatort, sondern in der Wohnung der Frau S. in X-Stadt."
3. Es muss ein bestimmtes, nach der StPO zulässiges Beweismittel benannt werden. Dabei ist die genaue Angabe erforderlich, z. B. der Name und die ladungsfähige Anschrift eines Zeugen. Beispiel: „Die Vernehmung der Frau S., E.-Straße 6 in X-Stadt."
4. Zwischen Beweistatsache und Beweismittel muss nach der Rechtsprechung des BGH eine sog. **Konnexität** bestehen. Der Beweisantrag muss also erkennen lassen, welche Beziehung zwischen Beweistatsache und Beweismittel besteht. Beispiel: „Zum Beweis der Tatsache, dass der Angeklagte versucht hat, die Geschädigte von ihrem Sprung aus dem Fenster abzuhalten, beantrage ich, den ebenfalls zur Tatzeit am Tatort anwesenden und den Vorgang beobachtenden Herrn Feig als Zeugen zu vernehmen."

Zu beachten ist noch, dass der Antragsteller zwar nicht von der Richtigkeit der behaupteten Tatsache überzeugt sein muss. Eine Behauptung „ins Blaue hinein" genügt jedoch nicht.

Der Beweisantrag hat grundsätzlich mündlich in der Hauptverhandlung zu erfolgen. Ausnahmsweise kann das Gericht nach § 257 a StPO auch eine schriftliche Antragstellung verlangen. In zeitlicher Hinsicht können Beweisanträge vom Aufruf der Sache bis zum Beginn der Urteilsverkündung, also auch noch nach Abschluss der Beweisaufnahme, gestellt werden. Es ist allerdings zulässig, wenn das Gericht eine Frist zur Stellung von Beweisanträgen setzt. Voraussetzung für deren Wirksamkeit ist eine Anordnung der Frist durch den Vorsitzenden, welche ins Protokoll aufzunehmen ist, und der ausdrückliche Hinweis, dass eine Ablehnung von Beweisanträgen, die nach Fristablauf gestellt werden, bei Vorliegen der weiteren Voraussetzungen wegen Verschleppungsabsicht möglich ist.

Während der Vorsitzende einem Beweisantrag allein stattgeben kann, erfordert seine Ablehnung einen Gerichtsbeschluss (§ 244 Abs. 6 StPO), der zu begründen ist. Ferner muss zwingend einer der in § 244 Abs. 3 bis 5 StPO (für nicht präsente Beweismittel) oder in § 245 Abs. 2 S. 2, 3 StPO (für präsente Beweismittel) genannten Ablehnungsgründe vorliegen.

Ablehnungsgründe:

- Unzulässige Beweismittel, § 244 Abs. 3 S. 1 StPO:

  z. B. Mitangeklagter soll als Zeuge vernommen werden.

- Offenkundigkeit der Tatsache, § 244 Abs. 3 S. 2 StPO:

  Diese liegt dann vor, wenn die Tatsache allgemeinkundig oder gerichtskundig ist.

  → allgemeinkundig: Tatsachen und Erfahrungssätze, die ein verständiger und erfahrener Mensch entweder kennt oder sich darüber aus allgemein kundigen Quellen unschwer unterrichten kann (z. B. der Kalender).
  → gerichtskundig: Tatsachen und Erfahrungssätze, die dem Richter im Zusammenhang mit seiner amtlichen Tätigkeit zuverlässig bekannt geworden sind.

- Bedeutungslosigkeit der Tatsache für die Entscheidung:

  → Eine Bedeutungslosigkeit aus Rechtsgründen liegt z. B. vor, wenn eine Verurteilung wegen eines schon erwiesenen Prozesshindernisses nicht möglich ist.

→ Eine Bedeutungslosigkeit aus tatsächlichen Gründen liegt vor allem bei Indiztatsachen vor, die selbst wenn sie bewiesen sind, den Schluss auf die Haupttatsache nicht zulassen.

- Erwiesensein der Beweistatsache:
  Dies ist dann gegeben, wenn das Gericht von der Richtigkeit der Beweistatsache auf Grund des bisherigen Ergebnisses der Beweisaufnahme schon so überzeugt ist, dass es sie dem Urteil ohne weitere Beweisaufnahme zu Grunde legen will. Die späteren Urteilsfeststellungen dürfen sich dazu nicht in Widerspruch setzen.

- Völlige Ungeeignetheit des Beweismittels:
  Beispielsweise ist ein Zeuge völlig ungeeignet, wenn er wegen dauernder körperlicher oder geistiger Gebrechen die fragliche Wahrnehmung gar nicht gemacht haben konnte.

- Unerreichbarkeit des Beweismittels:
  Diese ist gegeben, wenn alle Bemühungen des Gerichts, die der Bedeutung und dem Wert des Beweismittels entsprechen, zu dessen Beibringung erfolglos geblieben sind und keine begründete Aussicht besteht, es in absehbarer Zeit herbeizuschaffen.

- Verschleppungsabsicht:
  Das Gericht muss der Überzeugung sein, dass die Beweiserhebung nichts zu Gunsten des Antragstellers ergeben wird und dass auch der Antragsteller sich dessen bewusst ist und den Antrag ausschließlich zur Verfahrensverzögerung gestellt hat.

- Wahrunterstellung:
  Eine erhebliche Behauptung, die zur Entlastung des Angeklagten bewiesen werden soll, kann so behandelt werden, als wäre die behauptete Tatsache wahr. Die Urteilsfeststellungen und die Beweiswürdigung dürfen dieser Wahrunterstellung jedoch nicht widersprechen.

Abzugrenzen ist der Beweisantrag von dem **Beweisermittlungsantrag** und von der bloßen **Beweisanregung**:

- Fehlen eine oder mehrere der genannten formalen Voraussetzungen des Beweisantrages, liegt lediglich ein **Beweisermittlungsantrag** vor. Dieser beinhaltet lediglich das bestimmte Begehren des Antragstellers an das Gericht, ermittelnd tätig zu werden.

- Die **Beweisanregung** ist demgegenüber nochmals abgestuft; hier wird dem Gericht die Beweiserhebung nur nahe gelegt.

Verteidigungshinweis

Beweisanträge sollten fortwährend am bisherigen Beweisergebnis ausgerichtet und gegebenenfalls aktualisiert werden. Andernfalls ist es dem

Gericht nicht möglich, den gestellten Antrag im Hinblick auf eine Bedeutungslosigkeit, Ungeeignetheit oder mangelnde Konnexität zu überprüfen.

6.4.4 Die Beweismittel

Für das Strengbeweisverfahren werden die zulässigen Beweismittel in der StPO abschließend geregelt. Dies sind der Zeugenbeweis, §§ 48 ff. StPO, der Sachverständigenbeweis, §§ 72 ff. StPO, der Augenscheinsbeweis, §§ 86 ff. StPO, und der Urkundenbeweis, §§ 249 ff. StPO.

6.4.4.1 Der Zeugenbeweis

Der Zeuge ist ein persönliches Beweismittel. Er gibt in einem nicht gegen ihn gerichteten Strafverfahren Auskunft über seine Wahrnehmung von Tatsachen. Gleichgültig ist dabei, wie er die betreffende Wahrnehmung erlangt hat; auch der sogenannte „Zeuge vom Hörensagen", der das, was er aussagt, von einer anderen Person gehört hat, ist Zeuge. Entscheidend ist vielmehr, dass die betreffende Person eine Aussage macht. Soll diese hingegen nur betrachtet werden, z. B. bezüglich der von ihr erlittenen Verletzungen, so ist sie lediglich Augenscheinsobjekt und kein Zeuge.

Die Zeugenfunktion weiterer Verfahrensbeteiligter

Problematisch ist, ob auch andere Verfahrensbeteiligte als Zeugen fungieren können. Einen Überblick hierüber gibt das folgende Schaubild:

Verfahrensbeteiligter	Zeugenfunktion?
Berufsrichter/Schöffe derselben Sache/ Urkundsbeamte d. Geschäftsstelle (als Protokollführer)	→ Ja, dann aber Ausschließung kraft Gesetzes, § 22 Nr. 5 StPO
Staatsanwalt	→ Ja bei Vorgängen aus dienstlicher Befassung und Verfahrensfragen → Schlussplädoyer dann durch weiteren Staatsanwalt
Verteidiger	→ Ja, kein Ausschluss möglich
Mitbeschuldigter	→ Nein, solange Verfahren verbunden, nach Verfahrenstrennung möglich (str.)
Sachverständiger	→ Ja
Nebenkläger	→ Ja
Privatkläger	→ Nein

Der Ablauf einer Zeugenvernehmung

Vor der Vernehmung werden die Zeugen zur Wahrheit ermahnt, über die strafrechtlichen Folgen einer unrichtigen oder unvollständigen Aussage belehrt und auf die Möglichkeit einer Vereidigung hingewiesen, § 57 S. 1, 2 StPO. Sofern ein Zeugnisverweigerungsrecht oder ein Aussageverweigerungsrecht in Betracht kommt, wird auch hierauf hingewiesen, §§ 52 Abs. 3, 55 Abs. 2 StPO.

Die Zeugenvernehmung erfolgt sodann einzeln und in Abwesenheit der später zu hörenden Zeugen, § 58 StPO. Dabei wird der Zeuge zunächst zu seiner Person vernommen, § 68 StPO. Im Anschluss hieran erfolgt die Vernehmung zur Sache. Diese gliedert sich in zwei Teile: Zunächst soll der Zeuge das, was ihm vom Gegenstand seiner Vernehmung bekannt ist, im Zusammenhang angeben, § 69 Abs. 1 StPO. Im Anschluss hieran werden ihm Fragen gestellt, sofern dies zur Aufklärung und zur weiteren Vervollständigung seiner Aussage erforderlich ist, § 69 Abs. 2 StPO. Dabei kann einem Zeugen eine frühere Aussage aus dem Ermittlungsverfahren vorgehalten werden. Dieser Vorhalt hat zum Ziel, das Gedächtnis des Zeugen aufzufrischen. Verwertbar für die Entscheidung ist aber immer nur das, was der Zeuge auf den Vorhalt tatsächlich antwortet. Nach seiner Vernehmung ist der Zeuge gegebenenfalls zu vereidigen. Gem. § 59 StPO wird der Zeuge aber nur dann vereidigt, wenn eine wahrheitsgemäße Aussage herbeigeführt werden soll oder bei ausschlaggebender Bedeutung gerade dieser Aussage. Die Nichtvereidigung ist also der gesetzliche Regelfall. Die Frage der Vereidigung ist eine Ermessensentscheidung des Gerichts.

Die Pflichten des Zeugen

Dem nach § 48 StPO ordnungsgemäß geladenen Zeugen obliegen grundsätzlich drei Pflichten:

1. Der Zeuge ist verpflichtet, zu dem in der Ladung bestimmten Termin vor dem Richter zu erscheinen, §§ 48 Abs. 1, 51 StPO.
2. Er muss wahrheitsgemäß aussagen, §§ 57 S. 1 StPO, 153 ff. StGB.
3. Er muss gegebenenfalls seine Aussage beeiden, §§ 57 S. 2, 59 StPO (sofern nicht bereits eines der Vereidigungsverbote des § 60 StPO eingreift).

Das Zeugnisverweigerungsrecht

Zeugen stehen bisweilen in einer besonderen Beziehung zum Angeklagten. Um dieser Konfliktsituation zu begegnen, gewährt die StPO in bestimmten Fällen ein Zeugnisverweigerungsrecht:

- § 52 StPO gewährt nahen Angehörigen des Beschuldigten bzw. Angeklagten ein Zeugnisverweigerungsrecht. Dieses Recht besteht grundsätzlich auch, wenn sich das Verfahren gegen mehrere Angeklagte richtet und der Zeuge nur zu einem von ihnen ein Näheverhältnis im Sinne des § 52 StPO aufweist.

Beispiele:

- Verlobte oder Personen, mit denen der Beschuldigte das Versprechen eingegangen ist, eine Lebenspartnerschaft zu begehen, § 52 Nr. 1 StPO
- Ehegatten, auch wenn die Ehe nicht mehr besteht, § 52 Nr. 2 StPO
- Lebenspartner, auch wenn die Lebenspartnerschaft nicht mehr besteht, § 52 Nr. 2a StPO

- § 53 StPO erweitert den Kreis der zeugnisverweigerungsberechtigten Personen auf bestimmte Berufe, bei denen ein Geheimnisschutz für die Ausübung ihres Berufes zwingend erforderlich ist. Die Vorschrift zählt die betreffenden Berufsgruppen abschließend auf. Die Berufshelfer der betreffenden Personen werden durch § 53 a StPO von dem Zeugnisverweigerungsrecht mit umfasst.

Beispiele:

- Geistliche, § 53 Nr. 1 StPO
- Verteidiger des Beschuldigten, § 53 Nr. 2 StPO
- Rechtsanwälte, Steuerberater, Ärzte, Psychotherapeuten, § 53 Nr. 3 StPO

Zeugen mit einem Zeugnisverweigerungsrecht nach § 52 StPO müssen bei Ausübung dieses Rechtes die Verweigerung des Zeugnisses ausdrücklich erklären. Ein Zeuge mit einem Zeugnisverweigerungsrecht kann jedoch auch auf sein Verweigerungsrecht verzichten und aussagen. Folge einer Verweigerung ist, dass eine Vernehmung unzulässig ist und ein Verwertungsverbot nach § 252 StPO entsteht. Ein solches Verwertungsverbot besteht ebenfalls, wenn die Belehrung nach § 52 Abs. 3 Satz 1 StPO unterblieben ist. Das Unterlassen der Belehrung kann jedoch geheilt werden, solange das Urteil noch nicht gefällt ist. Allerdings reicht nicht die bloße Nachholung der Belehrung aus. Vielmehr muss eine dahingehende Erklärung des Zeugen herbeigeführt werden, dass er auch bei vorangegangener Belehrung von seinem Aussageverweigerungsrecht nicht Gebrauch gemacht hätte. Auf die berufsmäßigen Zeugnisverweigerungsrechte der §§ 53 und 54 StPO muss das Gericht dagegen nicht hinweisen.

Das Auskunftsverweigerungsrecht

Abzugrenzen ist das Zeugnisverweigerungsrecht von dem in § 55 StPO geregelten Auskunftsverweigerungsrecht. Dieses gibt das Recht, auf solche Fragen nicht zu antworten, bei denen die Gefahr einer eigenen Strafverfolgung oder derjenigen bestimmter nahe stehender Personen besteht. Es vermittelt somit anders als das Zeugnisverweigerungsrecht kein umfassendes Schweigerecht, sondern bezieht sich nur auf einzelne Fragen.

Ein Auskunftsverweigerungsrecht besteht nicht mehr, wenn das Strafverfahren gegen den Zeugen bereits abgeschlossen ist, denn dann droht ihm durch eine Aussage grundsätzlich keine Strafverfolgung mehr. Ein in seinem Verfahren freigesprochener Zeuge muss dagegen durch ein Geständnis im Rahmen seiner Zeugenaussage mit einer Wiederaufnahme seines Verfahrens rechnen.

Über sein Recht der Auskunftsverweigerung ist der Zeuge zu belehren, § 55 Abs. 2 StPO. Ist eine solche Belehrung unterblieben, so hat dies aber kein Verwertungsverbot zur Folge.

Die Beurteilung einer Zeugenaussage

Zu unterscheiden ist die Glaubwürdigkeit eines Zeugen von der Glaubhaftigkeit seiner Bekundung. Bei der Beurteilung der Glaubhaftigkeit einer Zeugenaussage ist auf bestimmte Realitätskriterien einerseits und besondere Lügensignale andererseits zu achten. Eine wahre Aussage wird regelmäßig psychologisch stimmig, konkret und nicht nur zielgerichtet auf das Beweisthema sein. Scheinbar nebensächliche Details deuten eher auf eine wahre Aussage hin. Detailarmut in der Aussage eines Zeugen spricht eher für eine Lüge. Lügengeschichten sind regelmäßig komplikationslos und kurz, weil es schwierig ist, ein komplexes Geschehen ohne eigene Wahrnehmung zu erfinden. Realitätskennzeichen sind demgegenüber die Schilderung von Komplikationen, wörtlich wiedergegebene Gespräche und die Beschreibung eigener Gefühle. Zu achten ist auch darauf, in wie weit die Schilderung einer Handlung verflochten ist mit überprüfbaren objektiven Umständen. Auch eine chronologisch wenig geordnete, impulsive und assoziative Bekundung spricht für eine reale Grundlage. Auf der anderen Seite handelt es sich um Lügensignale bei unbestimmten Formulierungen wie „man, eigentlich“, demonstrativen Beteuerungen der Wahrheit, Gegenangriffen, Vorwegverteidigungen und Begründungen statt Tatsachen.

Verteidigungshinweise

- Bei häufig vorkommenden Bekundungen von Zeugen, dass sie den Angeklagten zu achtzig Prozent oder zu neunzig Prozent wieder erkennen, sollte das Gericht – falls erkennbar erforderlich - darauf aufmerksam gemacht werden, dass der Zeuge hierdurch umgekehrt eingeräumt hat, dass er gerade nicht sicher im Wiedererkennen ist.
- Zu beklagen ist manchmal, dass ein Vorsitzender den Belastungszeugen in einer Art und Weise befragt, durch welche diesem die vom Gericht gewünschten Antworten bereits in den Mund gelegt werden. Solche suggestiven Zeugenbefragungen kann der Verteidiger nach der Spezialvorschrift des § 242 StPO beanstanden, § 38 Abs. 2 StPO greift hier nicht ein.

6.4.4.2 Der Sachverständigenbeweis

Neben dem Zeugen ist der Sachverständige das zweite persönliche Beweismittel der StPO. Bei ihm handelt es sich um eine Person, die aufgrund ihrer besonderen, dem Richter fehlenden Sachkunde Auskunft über Tatsachen oder Erfahrungssätze geben oder einen bestimmten Sachverhalt beurteilen kann. Auf ihn sind die Vorschriften bezüglich des Zeugenbeweises entsprechend anzuwenden, soweit nicht in den §§ 72 ff. StPO abweichende Regelungen getroffen werden.

Die Bestellung und Ablehnung des Sachverständigen

Der Sachverständige wird vom Gericht nach § 73 StPO bestellt. Dabei steht dem Richter hinsichtlich der Auswahl ein eigener Beurteilungsspielraum zu. Aus denselben Gründen, die zur Ablehnung eines Richters berechtigen, kann ein Sachverständiger abgelehnt werden, § 74 StPO. Hierzu sind jedoch immer ein Ablehnungsantrag und ein daraufhin ergehender Beschluss erforderlich.

Die Rechte und Pflichten des Sachverständigen

Die Erstellung seines Gutachtens unterfällt in fachlicher Hinsicht allein dem Sachverständigen, ein diesbezügliches Weisungsrecht des Gerichtes existiert nicht. Darüber hinaus treffen den Sachverständigen aber dieselben Pflichten wie einen Zeugen: So hat er vor Gericht zu erscheinen und unterliegt bei der Erstellung seines Gutachtens der Wahrheitspflicht. Eine Pflicht zur Erstellung des Gutachtens besteht aber nur in den Fällen des § 75 StPO, z. B. wenn es sich um einen öffentlich bestellten Gutachter handelt. Demgegenüber hat der Sachverständige in den Fällen, die einem

Zeugen ein Zeugnisverweigerungsrecht gewähren, gem. § 76 StPO ein Gutachtenverweigerungsrecht.

Die Auswertung des Gutachtens

Die Auswertung des Gutachtens unterliegt der freien richterlichen Beweiswürdigung gem. § 261 StPO. Die Ergebnisse und Schlussfolgerungen dürfen nicht einfach vom Gericht übernommen werden. Vielmehr muss es sich selbst durch den Sachverständigen sachkundig machen und über dessen Ergebnisse selbstständig befinden.

Der sachverständige Zeuge

Abzugrenzen ist der Sachverständige vom sachverständigen Zeugen. Bei letzterem liegen sowohl die Merkmale eines Zeugen – er kann über Wahrnehmungen berichten – als auch die Merkmale eines Sachverständigen vor, weil er über eine besondere Sachkunde verfügt. Ihm fehlt jedoch der spezielle Gutachtenauftrag durch das Gericht. Zudem ist er im Gegensatz zum Sachverständigen nicht auswechselbar, da nur er über seine eigenen Beobachtungen berichten kann. Als Konsequenz hieraus ergibt sich, dass für den sachverständigen Zeugen allein die Vorschriften über den Zeugenbeweis Anwendung finden, § 85 StPO.

6.4.4.3 Der Urkundenbeweis

Bei der Erhebung des Urkundenbeweises wird der gedankliche Inhalt eines Schriftstückes ermittelt und verwertet. Dabei ist unter einer Urkunde im strafprozessualen Sinn jedes Schriftstück zu verstehen, dass über einen verlesbaren Gedankeninhalt verfügt. Dieser Begriff ist folglich nicht deckungsgleich mit dem Urkundenbegriff des materiellen Strafrechts.

Beispiel:

§ 249 StPO erfasst im Gegensatz zu § 267 StGB nicht die sogenannten Beweiszeichen (z. B. Preisschilder an einer Ware).

Die Voraussetzungen und der Ablauf des Urkundenbeweises

Grundsätzlich erfolgt der Urkundenbeweis dadurch, dass gemäß § 249 Abs. 1 S. 1 StPO die betreffende Urkunde in der Hauptverhandlung verlesen wird. Ausnahmsweise kann hiervon im sog. Selbstleseverfahren abgesehen werden, wenn die Richter und Schöffen vom Wortlaut der Urkunde Kenntnis genommen haben und die übrigen Beteiligten hierzu ebenfalls Gelegenheit hatten, § 249 Abs. 2 S. 1 StPO.

§ 249 StPO regelt ausschließlich die Form des Urkundenbeweises. Dessen Erforderlichkeit und Ausmaß richten sich nach den allgemeinen Regeln der §§ 244 Abs. 2, 3, 245 StPO. Auch enthält das Gesetz keine explizite Regelung darüber, wann der Urkundenbeweis zulässig ist. Er wird daher für zulässig erachtet, solange der aus dem Unmittelbarkeitsgrundsatz folgende Vorrang des Personalbeweises beachtet wird und der Urkundsbeweis nicht durch Gesetz verboten ist.

Beispiel:

Verbot der Verlesung der Aussage eines vor der Hauptverhandlung vernommenen Zeugen, der erst in der Hauptverhandlung von seinem Zeugnisverweigerungsrecht Gebrauch macht, § 252 StPO.

Urkundenbeweis und Vorhalt

Abzugrenzen ist der Urkundenbeweis vom sogenannten Vorhalt. Bei diesem wird dem Angeklagten, einem Zeugen oder einem Sachverständigen aus einem Schriftstück, z. B. aus einer früheren Vernehmung, vorgelesen. Dabei muss es sich allerdings um kurze, leicht verständliche Schriftstücke handeln. Ein solcher Vorhalt ist ein bloßer Vernehmungsbehelf und kein Urkundenbeweis. Denn verwertbar für die Entscheidung ist hier allein die Reaktion und Erklärung desjenigen, dem der Vorhalt gemacht wird.

Verteidigungshinweis

Beim sogenannten Selbstleseverfahren nach § 249 Abs. 2 S. 1 StPO muss der Verteidiger darauf achten, dass der Vorsitzende dieses Selbstleseverfahren sowohl zunächst anordnet als auch später dessen Abschluss feststellt.

6.4.4.4 Der Augenscheinsbeweis

Das vierte Beweismittel der StPO ist der Augenscheinsbeweis, §§ 86 ff. StPO. Dieser umfasst die sinnliche Wahrnehmung durch Sehen, Hören, Schmecken, Riechen oder Fühlen und umfasst somit letztlich alle Beweisaufnahmen, die nicht als Zeugen-, Sachverständigen- oder Urkundenbeweis besonders gesetzlich geregelt sind.

Beispiele:

- Das Betrachten von Personen gem. §§ 81a, 81 c StPO
- Das Abhören von Tonträgern (Kassette, CD, etc.)
- Die Besichtigung des Tatortes
- Das Betrachten von Lichtbildern

Das Verfahren

Die Augenscheinsseinnahme steht im Ermessen des Gerichts und ist in jeder Lage des Verfahrens zulässig. Findet sie vor und außerhalb der Hauptverhandlung statt, so haben sowohl die Staatsanwaltschaft als auch der Beschuldigte und sein Verteidiger ein Recht auf Anwesenheit, § 168 d Abs. 1 StPO. Während der Hauptverhandlung findet die Einnahme des Augenscheins regelmäßig im Sitzungssaal statt. Muss sie außerhalb des Saales stattfinden, z. B. bei einer Besichtigung des Tatortes, so müssen sowohl der gesamte Spruchkörper als auch die übrigen Prozessbeteiligten teilnehmen. Wird ein Beweisantrag auf Einnahme eines Augenscheins gestellt, so kann dieser unter den erleichterten Bedingungen des § 244 Abs. 5 StPO abgelehnt werden.

Abweichend vom Grundsatz der Unmittelbarkeit kann sich das Gericht auch nichtrichterlicher Personen als sogenannte Augenscheinsgehilfen zur Einnahme des Augenscheins bedienen. Dies wird z. B. dann der Fall sein, wenn der Augenschein an einer nur schwer zugänglichen Stelle einzunehmen ist, wie z. B. die Besichtigung eines Gegenstandes unter Wasser oder auf dem Dach eines Hauses. Die betreffende Person wird dann über ihre Wahrnehmung als Zeuge vernommen.

Abgrenzung zum Urkundenbeweis

Schwierig gestaltet sich zuweilen die Abgrenzung des Augenscheinsbeweises vom Urkundenbeweis. Während es beim Urkundenbeweis auf den wörtlichen oder sinngemäßen Erklärungsinhalt der zu verlesenden Urkunde ankommt, bezieht sich der Augenscheinsbeweis auf das äußere Erscheinungsbild, folglich auf die Beschaffenheit eines Dokumentes oder auf die reine Tatsache seiner Existenz.

6.4.5 Die Unmittelbarkeit der Beweisaufnahme

In den §§ 250 ff. StPO ist der Grundsatz der Unmittelbarkeit der Beweisaufnahme in der Hauptverhandlung verankert. Hiernach muss

- die Beweisaufnahme vor dem erkennenden Gericht erfolgen (formelle Unmittelbarkeit) und
- die Beweismittel dürfen nicht durch Surrogate ersetzt werden (materielle Unmittelbarkeit bzw. Vorrang des originären Beweismittels).

Als Konsequenz hieraus dürfen grundsätzlich keine Protokolle von früheren Vernehmungen in Form des Urkundenbeweises verlesen werden. Vielmehr sind die Zeugen nach Möglichkeit persönlich zu vernehmen. Folglich hat der Personalbeweis Vorrang vor dem Urkundenbeweis.

Dass die betreffende vorherige Verhörsperson allerdings über den Inhalt der früheren Vernehmung vernommen wird, ist hierdurch nicht ausgeschlossen („Zeuge vom Hörensagen"). Zudem finden sich in den §§ 251 ff. weitere **Ausnahmen** von dem Grundsatz der Unmittelbarkeit:

Ausnahmen:

- § 251 StPO: Verlesung von Protokollen über frühere Vernehmungen von Zeugen, Sachverständigen oder Mitbeschuldigten
- § 253 StPO: Protokollverlesung zur Gedächtnisunterstützung
- § 254 StPO: Verlesung von Geständnissen und bei Widersprüchen
- § 256 StPO: Verlesung von Behörden -und Ärzteerklärungen

Die wichtigsten Ausnahmen sollen im Folgenden näher betrachtet werden:

6.4.5.1 Die Verlesung von Protokollen über frühere Vernehmungen von Zeugen, Sachverständigen oder Mitbeschuldigten

In § 251 StPO wird abschließend geregelt, in welchen Fällen die **Vernehmung** eines **Zeugen, Sachverständigen oder Mitbeschuldigten** durch die Verlesung einer Niederschrift über eine Vernehmung oder einer Urkunde, die eine von ihm stammende schriftliche Erklärung enthält, ersetzt werden kann. Dabei betrifft § 251 Abs. 1 StPO sowohl die nichtrichterlichen als auch die richterlichen Protokolle, während § 251 Abs. 2 StPO ausschließlich für richterliche Protokolle gilt. Allen gemeinsam ist jedoch die Voraussetzung, dass bei der früheren Vernehmung eine ordnungsgemäße Belehrung hinsichtlich etwaiger Zeugnis- oder Aussageverweigerungsrechte erfolgt ist. Im Einzelnen können verlesen werden:

Nicht-richterliche Protokolle und richterliche Protokolle (§ 251 Abs. 1 StPO)	→ Wenn der Angeklagte einen Verteidiger hat und sowohl Angeklagter, Verteidiger und Staatsanwalt mit der Verlesung einverstanden sind (Nr. 1). → Wenn der Zeuge, Sachverständige oder Mitbeschuldigte verstorben ist oder aus einem anderen Grund in absehbarer Zeit nicht vernommen werden kann (Nr. 2). → Wenn die Niederschrift oder die Urkunde lediglich das Vorliegen oder die Höhe eines Vermögensschadens betrifft (Nr. 3).

Richterliche Protokolle (§ 251 Abs. 2 StPO)	→ Wenn dem Erscheinen des Zeugen, Sachverständigen oder Mitbeschuldigten in der Hauptverhandlung für eine längere oder ungewisse Zeit Krankheit, Gebrechlichkeit oder andere nicht zu beseitigende Hindernisse entgegenstehen (Nr. 1). → Wenn dem Zeugen oder Sachverständigen das Erscheinen in der Hauptverhandlung wegen großer Entfernung unter Berücksichtigung der Bedeutung seiner Aussage nicht zugemutet werden kann (Nr. 2). → Wenn der Staatsanwalt, der Verteidiger und der Angeklagte mit der Verlesung einverstanden sind (Nr. 3).

§ 251 StPO gilt jedoch nicht bei Protokollen über eine frühere Vernehmung des Beschuldigten. Hier ist vielmehr § 254 StPO einschlägig.

6.4.5.2 Protokollverlesung zur Gedächtnisunterstützung

Erklärt ein **Zeuge oder Sachverständiger**, dass er sich einer Tatsache nicht mehr erinnert, so kann der hierauf bezügliche Teil des Protokolls über seine frühere Vernehmung zur Unterstützung seines Gedächtnisses verlesen werden, § 253 Abs. 1 StPO. Eine solche Verlesung ist darüber hinaus möglich, wenn ein in der Vernehmung hervortretender Widerspruch mit der früheren Aussage nicht auf andere Weise ohne Unterbrechung der Hauptverhandlung festgestellt oder behoben werden kann, § 253 Abs. 2 StPO. Im Gegensatz zum sogenannten Vorhalt werden hierbei die verlesenen Schriftstücke in den Prozess als Urkundenbeweis eingeführt und sind neben der Reaktion des Zeugen oder Sachverständigen auf die Verlesung als Beweismittel verwertbar.

6.4.5.3 Verlesung von Geständnissen und bei Widersprüchen

Erklärungen des **Angeklagten**, die in einem **richterlichen** Protokoll enthalten sind, können zum Zwecke der Beweisaufnahme über ein Geständnis verlesen werden, § 254 Abs. 1 StPO. Dies kann auch dann erfolgen, wenn ein in der Vernehmung hervortretender Widerspruch mit der früheren Aussage nicht auf andere Weise ohne Unterbrechung der Hauptverhandlung festgestellt oder behoben werden kann, § 254 Abs. 2 StPO.

Die Vorschrift enthält aber lediglich eine Regelung bezüglich der Zulässigkeit der Verlesung früherer Aussagen des Beschuldigten, nicht aber ein Verwertungsverbot. Daher ist es möglich, jede frühere (auch nichtrichterliche) Verhörsperson des Angeklagten in der Hauptverhandlung als Zeuge zu vernehmen.

Verteidigungshinweis

Dies hat zur Konsequenz, dass der Angeklagte grundsätzlich keine Möglichkeit hat, ein einmal gemachtes Geständnis durch Berufung auf sein in § 243 Abs. 5 StPO verankertes Aussageverweigerungsrecht wieder zunichte zu machen. Ausnahmsweise ist dies aber möglich, wenn der Angeklagte glaubhaft macht, dass dieses Geständnis auf unkorrekte Art und Weise zustande gekommen ist.

Beispiele:

- Erlangung des Geständnisses durch Täuschung oder Drohung
- Rauschzustand infolge Alkohol- oder Betäubungsmittelkonsums während der früheren Vernehmung

6.4.5.4 Unstatthafte Protokollverlesung

Nach § 252 StPO darf die Aussage eines vor der Hauptverhandlung vernommenen **Zeugen**, der erst in der Hauptverhandlung von seinem Recht, das Zeugnis zu verweigern, Gebrauch macht, nicht verlesen werden. Die h. M. erweitert diese Vorschrift dahingehend, dass prinzipiell die frühere Aussage des Zeugen nicht in die Hauptverhandlung eingeführt werden darf, auch nicht dadurch, dass man beispielsweise die frühere Verhörsperson als Zeugen vernimmt. Ausnahmsweise ist die Einführung der früheren Aussage aber dann nicht verboten, wenn

- entweder der Zeugnisverweigerungsberechtigte der Verwertung der früheren Aussage zustimmt
- oder wenn es sich um eine sogenannte Spontanäußerung handelte
- oder wenn es sich bei der früheren Vernehmung um eine **richterliche** Vernehmung des Betreffenden als Zeuge (und nicht etwa als Beschuldigter) handelte, das Zeugnisverweigerungsrecht bereits damals bestand, der Zeuge diesbezüglich ordnungsgemäß belehrt wurde und damals wirksam auf dieses Recht verzichtet hat. In diesem Fall kann folglich der Richter über die frühere Aussage vernommen werden.

Die Vorschrift des § 252 StPO ist jedoch nicht auf das Auskunftsverweigerungsrecht gem. § 55 StPO anwendbar.

6.4.6 Beweiserhebungs- und Beweisverwertungsverbote

Grundsätzlich haben die Ermittlungsbehörden und das Gericht aufgrund des Unmittelbarkeitsgrundsatzes und dem in § 261 StPO verankerten Grundsatz der umfassenden Beweiswürdigung die Pflicht, den Sachverhalt erschöpfend aufzuklären. Diese Aufklärungspflicht kann jedoch nicht grenzenlos bestehen. Denn auch die Grundrechte des Beschuldigten und der Zeugen sowie deren Anspruch auf ein rechtsstaatliches Verfahren müssen in ausreichendem Maße Berücksichtigung finden müssen. Daher sind den Ermittlungsbehörden und dem Gericht bei der Erlangung und Verwertung von Beweisen Schranken gesetzt in Form von Beweisverboten. Diese werden eingeteilt in Beweiserhebungs- und Beweisverwertungsverbote.

6.4.6.1 Die Beweiserhebungsverbote

Ob bestimmte Beweise erhoben werden dürfen, wird durch die Beweiserhebungsverbote geregelt. Diese werden folgendermaßen eingeteilt:

Beweisthemenverbote	→ Untersagen bereits die Aufklärung bestimmter Sachverhalte	**Beispiel:** Tatsache wurde bereits bindend festgestellt, z.B. § 51 BZRG bei getilgten Vorstrafen
Beweismittelverbote	→ Untersagen die Verwendung bestimmter Beweismittel, die Aufklärung des Sachverhalts mittels anderer Beweismittel bleibt hingegen zulässig	**Beispiel:** Personen, die von ihrem Zeugnis- oder AussageverweigerungsR der §§ 52, 53, 54 , 55 StPO Gebrauch machen
Beweismethodenverbote	→ Untersagen eine bestimmte Art der Beweisgewinnung	**Beispiel:** Verbot unzulässiger Vernehmungsmethoden, § 136 a Abs. 1, 2 StPO

6.4.6.2 Die Beweisverwertungsverbote

Beweisverwertungsverbote untersagen die Verwendung der ermittelten Beweisergebnisse bei der Beweiswürdigung und Urteilsfindung. Das Urteil darf folglich nicht auf diese gestützt werden. Ihre Umgehung durch einen Rückgriff auf ein anderes Beweismittel ist ebenfalls nicht zulässig.

Aus der Unzulässigkeit der Beweiserhebung folgt nicht zwingend ein Beweisverwertungsverbot. Folgt jedoch ein Beweisverwertungsverbot aus einem Beweiserhebungsverbot, so spricht man von einem **unselbstständigen Beweisverwertungsverbot.**

Umgekehrt kann es aber auch sein, dass die Beweiserhebung zulässig war, die Verwertung des gewonnenen Beweises jedoch verboten ist. In einem solchen Fall spricht man von einem **selbstständigen Beweisverwertungsverbot.**

Beispiel:

Kenntnisse, die aus einer rechtmäßigen Telefonüberwachung erlangt wurden, dürfen nach § 100 c Abs. 5 S. 3 StPO nicht verwertet werden, wenn sie dem Kernbereich privater Lebensgestaltung zuzurechnen sind.

Gesetzliche Beweisverwertungsverbote

In der StPO finden sich nur wenige durch Gesetz festgelegte Beweisverwertungsverbote. Dies sind beispielsweise die folgenden:

§ 81 c Abs. 3 S. 5 StPO	→ Beweise, die bei der körperlichen Untersuchung Minderjähriger ohne Einwilligung der Eltern erlangt wurden
§ 100 c Abs. 5 S. 3 StPO	→ Durch Telefonüberwachung gewonnene Erkenntnisse, die dem Kernbereich privater Lebensgestaltung zuzurechnen sind
§ 108 Abs. 2, 3 StPO	→ Zufallsfunde bei der Durchsuchung einer Arztpraxis im Verfahren wegen Schwangerschaftsabbruch
§ 136 a Abs. 3 S. 2 StPO; § 69 Abs. 3 StPO	→ Durch verbotene Vernehmungsmethoden erlangte Erkenntnisse
§ 160 a Abs. 1 S. 2, Abs. 2 S. 3 StPO	→ Ermittlungsmaßnahmen bei zeugnisverweigerungsberechtigten Personen nach § 53 StPO
§ 161 Abs. 2 StPO	→ Eingeschränkte Verwertbarkeit von Informationen aus verdeckten Ermittlungen
§ 252 StPO	→ Frühere Aussage eines Zeugen, der sich in der Hauptverhandlung auf sein Zeugnisverweigerungsrecht beruft

Darüber hinaus finden sich auch außerhalb der StPO gesetzliche Beweisverwertungsverbote.

Beispiele:

- § 51 BZRG
- § 393 Abs. 2 AO
- § 97 Abs. 1 S. 3 InsO

Ungeschriebene Beweisverwertungsverbote

Neben den gesetzlich normierten Fällen existiert eine große Anzahl an ungeschriebenen Beweisverwertungsverboten. Wann ein Beweiserhebungsverbot auch ein nicht gesetzlich normiertes Beweisverwertungsverbot nach sich zieht bzw. wann ein selbständiges Beweisverwertungsverbot zu bejahen ist, kann letztlich nur im Wege einer Einzelfallprüfung festgestellt werden. Welche Kriterien hierbei anzuwenden sind, ist äußerst streitig. Zur Klärung dieser Frage werden verschiedene Meinungen vertreten:

Schutzzweck der Norm	→ Maßgeblich ist der Schutzzweck der im Einzelfall verletzten Beweiserhebungsnorm
Abwägungslehre	→ Abwägung des staatlichen Interesses an der Strafverfolgung mit den Grundrechten des Betroffenen
Rechtskreistheorie	→ Verwertungsverbot (+), wenn der Rechtskreis des Betroffenen wesentlich berührt wird → Verwertungsverbot (-), wenn die verletzte Norm dem Schutz des Staates oder anderer Personen dient

Im Folgenden soll ein kurzer **Überblick** über die wichtigsten ungeschriebenen **Beweisverwertungsverbote** gegeben werden:

- **Fehlende Zeugenbelehrung bei Angehörigen, § 52 Abs. 3 StPO:**
  → grds. Verwertungsverbot (+)
  → Ausnahme: Zeuge kannte sein Recht und hätte dennoch ausgesagt (fehlende Ursächlichkeit)
- **Aussage eines nach §§ 53, 53 a StPO Zeugnisverweigerungsberechtigten trotz fehlender Befreiung (→ Strafbarkeit nach § 203 StGB):**
  → str.!
  → h. M.: Verwertungsverbot (-); arg.: § 53 StPO begründet nur Recht, nicht Pflicht
  → Ausnahme: Zeuge hält sich für verpflichtet auszusagen; Gericht gibt wissentlich oder unwissentlich die falsche Auskunft, dass er von Schweigepflicht entbunden sei

- **Aussage eines Zeugen trotz fehlender Aussagegenehmigung, § 54 StPO:**
  → Verwertungsverbot (-); Vorschrift dient nicht dem Schutz des Angeklagten
- **Fehlen der Belehrung über ein Auskunftsverweigerungsrecht nach § 55 StPO:**
  → Verwertungsverbot (-); arg.: Rechtskreis des Beschuldigten ist nicht betroffen; es soll nur der Zeuge davor geschützt werden, sich selbst zu belasten
- **Unterlassene Belehrung des Beschuldigten, §§ 136 Abs. 1 S. 2, 243 Abs. 5 S. 1 StPO**
  → Verwertungsverbot (+)
  → Ausnahmen:
    - dem Beschuldigten ist sein Recht zu schweigen bekannt
    - der Verteidiger stimmt zu
    - der Verteidiger widerspricht nicht bis zu dem in § 257 StPO genannten Zeitpunkt
    - im Verfahren gegen Dritte, in dem der nicht Belehrte lediglich Zeuge ist
    - es handelt sich um eine sog. Spontanäußerung
- **Unterbliebene Belehrung über Recht der Verteidigerbestellung**
  → Verwertungsverbot (+)
- **Verwehrung der Verteidigerbestellung**
  → Verwertungsverbot (+)
- **Verstoß gegen die Vorschrift bzgl. der körperlichen Untersuchung, § 81 a StPO, z.B. durch Blutentnahme durch nicht approbierten Arzt**
  → Verwertungsverbot (-), wenn unbewusster Verstoß
  → Verwertungsverbot (+), wenn bewusster Verstoß
- **Verstoß gegen Beschlagnahmeverbot des § 97 StPO**
  → Verwertungsverbot grds.(+)
  → Ausnahmen:
    - Beschlagnahme war ursprünglich unzulässig, die Gründe dafür entfallen aber im Nachhinein
    - Beschlagnahme war ursprünglich zulässig und entgegenstehende Umstände treten erst später ein

- **Molekulargenetische Untersuchung, §§ 81 e ff. StPO**
  → Verwertungsverbot (+), wenn formelle oder materielle Voraussetzungen (-)

- **Verstöße bezüglich der Überwachung der Telekommunikation, §§ 100 a ff.**
  → Verwertungsverbot (+) bei Verstoß gegen materielle Voraussetzungen, z. B. fehlender Katalogtat (nach Rspr. ggf. heilbar)
  → Verwertung (-) bei Verstoß gegen formelle Voraussetzungen
  → Weiteres Problem: Anlässlich einer Telefonüberwachung erlangte „Zufallsfunde" dürfen nur verwertet werden, wenn es sich hierbei ebenfalls um eine der genannten Katalogtaten handelt, § 477 Abs. 2 S. 2 StPO

- **Verwertungsverbote bei Verletzung der Intimsphäre**
  → grds. Anwendung der Sphärentheorie des BVerfG:
    - 1. Sphäre: Sozialbereich → Verwertungsverbot (-)
    - 2. Sphäre: schlichte Privatsphäre → Abwägung
    - 3. Sphäre: Intimsphäre → Verwertungsverbot (+)

  → Fallgruppen:
    - Tagebuchaufzeichnungen: uneingeschränkte Anwendung der Sphärentheorie
    - Bildaufnahmen, § 100 h StPO: falls materielle Voraussetzungen (-) → Verwertungsverbot (+)
    - Überwachung der Telekommunikation, §§ 100 a ff. StPO → § 100 a Abs. 4 StPO: Verwertungsverbot (+) bei Erkenntnissen bzgl. Intimbereich

- **Beweiserlangung durch Privatpersonen**
  → grds. Verwertungsverbot (-), da Vorschriften der StPO nur für staatliche Ermittler, nicht für Privatpersonen gelten
  → Ausnahmen, d.h. Verwertungsverbot (+):
    - Eingriff in die Intimsphäre bei heimlichen Tonbandaufzeichnungen oder bei Tagebüchern
    - Beweiserlangung durch Verstoß gegen die Menschenwürde
    - Beweiserlangung infolge eines Auftrags durch die Strafverfolgungsbehörden → Analoge Anwendung der StPO-Vorschriften

- **Einsatz von Verdeckten Ermittlern (§§ 110 a ff. StPO)**
  → Bei Verletzung von Formvorschriften: Verwertungsverbot (-)
  Ausnahme: Fehlen der staatsanwaltschaftlichen oder richterlichen Zustimmung
  → Bei Verletzung materiellen Rechts, z.B. Fehlen einer Katalogtat: Verwertungsverbot (+)

- **„Hörfalle": Zielgerichtetes Mithören von Telefongesprächen durch Dritte und anschließende Einvernahme des Dritten als Zeugen**
  → BGH: Verwertungsverbot zumindest dann (-), wenn
    - Straftat von erheblicher Bedeutung und
    - andere Ermittlungsmethoden wesentlich erschwert oder weit weniger Erfolg versprechend

  → BVerfG (für Zivilverfahren): Verwertungsverbot (+), wenn keine stillschweigende Einwilligung des Gesprächspartners

Fernwirkung von Beweisverwertungsverboten

Umstritten ist die Frage, ob ein Beweisverwertungsverbot Auswirkungen auf mittelbar gewonnene Beweismittel hat, sog. Fernwirkung.

Beispiel:

Der Beschuldigte hat unter Folter ein Geständnis abgelegt und den Fundort der Leiche offenbart. Diese Aussage ist nicht verwertbar nach § 136 a Abs. 3 S. 2 StPO. Können die am Fundort gesicherten Spuren dennoch verwendet werden?

Die **Rechtsprechung** verneint grundsätzlich eine solche Fernwirkung. Denn ein Verfahrensfehler dürfe nicht das gesamte Verfahren lahm legen. Zudem ließe sich kaum feststellen, ob die Ermittlungsbehörden nicht auch auf andere Weise das betreffende Beweismittel erlangt hätten.

Dem gegenüber bejaht ein Teil der **Literatur** die Fernwirkung und greift hierbei zurück auf die **fruit-of-the-poisonous-tree-doctrine** des US-amerikanischen Rechts.

Eine weitere Ansicht nimmt jeweils eine **Einzelfallabwägung** zwischen der Schwere der begangenen Tat und dem Gewicht des Verfahrensverstoßes vor.

Verteidigungshinweise

Im Zusammenhang mit der Frage von Beweisverboten verlangt die Rechtsprechung mittlerweile einen spezifizierten Widerspruch. Es ist also nicht mehr ausreichend, dass der Verteidiger überhaupt bis zum Zeitpunkt des

§ 257 StPO widersprochen hat, wenn er sich später für die Revision auf das Vorliegen eines Beweisverbotes berufen möchte. Der Verteidiger muss vielmehr seinen Widerspruch dahingehend begründen, unter welchem Gesichtspunkt der Angeklagte den erhobenen oder zu erhebenden Beweis für unverwertbar hält.

6.4.7 Der Abschluss der Hauptverhandlung

Sind alle Beweisanträge beschieden und werden keine weiteren Anträge mehr gestellt, schließt der Vorsitzende die Beweisaufnahme. Sodann erfolgen die Schlussvorträge, § 258 StPO. Hierbei erhalten zunächst der Staatsanwalt, dann der Verteidiger und zuletzt der Angeklagte Gelegenheit, Ausführungen zu machen und Anträge zu stellen.

6.4.7.1 Die Hinweispflicht des Gerichts

Da Gegenstand der Urteilsfindung die im Eröffnungsbeschluss genannte Tat im strafprozessualen Sinn ist, muss das Gericht klarstellen, wenn es hiervon abweichen möchte. Ändert sich dabei lediglich die rechtliche oder tatsächliche Sichtweise des Gerichts im Hinblick auf die im Eröffnungsbeschluss genannte Tat, so genügt hierzu ein Hinweis nach § 265 Abs. 1, 2 StPO.

Ergibt sich jedoch während der Hauptverhandlung, dass das Verfahren sinnvollerweise auf weitere Straftaten des Angeklagten erstreckt werden sollte, so ist hierzu eine Nachtragsanklage nach § 266 StPO erforderlich. Eine solche Nachtragsanklage steht aber im Ermessen der Staatsanwaltschaft, die sie auch erhebt. Das Gericht muss sie dann ausdrücklich durch Beschluss in das Verfahren einführen. Zudem muss der Angeklagte zustimmen.

6.4.7.2 Das Plädoyer des Staatsanwalts

Im Gegensatz zum Schlussvortrag des Verteidigers ist das Plädoyer des Staatsanwaltes aufgrund seiner Stellung im Strafverfahren verpflichtend. In diesem muss er den Sachverhalt tatsächlich und rechtlich würdigen und einen bestimmten Antrag stellen. Ein solcher Vortrag sollte in etwa folgendermaßen aufgebaut sein:

- Einleitung
- Schilderung des Sachverhaltes
- Beweiswürdigung
- Rechtliche Würdigung
- Strafrahmen
- Strafzumessungserwägungen
- Schlussantrag auf Strafe oder Freispruch
- Anträge zu strafrechtlichen Nebenentscheidungen und Maßregeln
- Anträge zur Kostenentscheidung
- Ggf. Antrag nach StrEG
- Ggf. Antrag im Bezug auf einen Haftbefehl

6.4.7.3 Das Plädoyer des Strafverteidigers

Sodann erfolgt das Plädoyer des Strafverteidigers. Der Verteidiger muss zwar kein Schlussplädoyer halten. Zu diesem äußersten Mittel der Verweigerung des Plädoyers sollte er jedoch regelmäßig ebensowenig greifen wie zu demjenigen eines Angriffs gegen das Gericht, auch wenn das Gericht aus dem Blickwinkel der Verteidigung voreingenommen erscheint. In den allermeisten Fällen ist nämlich ein solch extremes Verteidigerverhalten schlichtweg nicht erforderlich. Tatsächlich ist das Gericht zu diesem Zeitpunkt der Hauptverhandlung durch Zwischenberatungen zwar schon weitgehend festgelegt, aber in einzelnen Punkten lässt sich das Gericht eben manchmal doch noch durch gute Argumente des Plädoyers beeinflussen. Die Wirkungen eines guten Plädoyers sollten deshalb nicht unterschätzt werden.

Das Schlussplädoyer folgt keiner vorgeschriebenen Form, es sollte jedoch klar gegliedert sein. Meist ist es ratsam, die Hauptgliederungspunkte zu Beginn mitzuteilen, etwa: „Zunächst werde ich auf die rechtliche Würdigung durch die Staatsanwaltschaft erwidern, sodann auf die Frage der Anwendbarkeit von Jugendstrafrecht eingehen und schließlich die angemessene staatliche Sanktion erörtern.“ In längeren Plädoyers sollte jeder abgeschlossene Punkt kurz zusammengefasst werden. Um die Aufmerksamkeit der Adressaten herbeizuführen und aufrecht zu erhalten, sollten provokante Fragen gestellt werden, Beispiele aus dem Erfahrungsbereich der Verfahrensbeteiligten genannt werden und Zitate aus der Beweisaufnahme angeführt werden.

Am wichtigsten sind der Anfang und der Schluss des Plädoyers. Oftmals ist es geschickt, gleich zu Beginn bereits den Antrag anzukündigen, um auf diese Weise sofort die Aufmerksamkeit des Gerichts herzustellen. Am Schluss darf durchaus an die Emotionen des Gerichts, insbesondere der Schöffen, appelliert werden.

Bezogen auf einen praktischen Fall könnte ein Plädoyer beispielsweise lauten:

> Hohes Gericht! Sehr verehrte Damen und Herren!
>
> Nach dem Ergebnis der Beweisaufnahme ist anzunehmen, dass das Gericht davon ausgehen wird, dass eine Notwehrlage zum Zeitpunkt der Messerstiche nicht mehr bestand.
>
> Ich möchte deshalb ausschließlich Ausführungen zur Schuld meiner Mandantin machen.
>
> Es liegt der Fall eines sogenannten Putativnotwehrexzesses vor. Denn meine Mandantin hielt sich in jedem Fall für angegriffen und sie überschritt dabei außerdem die Grenzen der vermeintlichen Notwehr. Der Bundesgerichtshof behandelt derartige Fälle letztlich nach § 17 StGB. Meiner Mandantin fehlte in der hochgradigen Affektsituation der Vorsatz, etwas Unrechtes zu tun. Und es ist fraglich, ob ihr ein Fahrlässigkeitsschuldvorwurf gemacht werden kann. Denn der Schuldvorwurf hängt dann davon ab, ob der Täter nach seinen persönlichen Fähigkeiten in der maßgeblichen Situation in der Lage ist, die ihm obliegende Sorgfaltspflicht zu erkennen und zu erfüllen. Niemand ist jedoch wirklich im Stande, die Idealforderung ständig gespanntester Aufmerksamkeit und raschester, zweckmäßigster Reaktion zu verwirklichen. In der ständigen Rechtsprechung des Bundesgerichtshofs werden deshalb regelmäßig folgende Umstände anerkannt, die den Täter entlasten: Intellektuelle Mängel, mangelndes Erfahrungswissen, mangelndes Reaktionsvermögen, Affektzustände, Erregungszustände.
>
> In unserem Fall nun treffen für den Augenblick der Tathandlung fast sämtliche Umstände zusammen, welche der Bundesgerichtshof genannt hat: Die nur soeben durchschnittlichen intellektuellen Fähigkeiten meiner Mandantin sind gutachterlich festgestellt worden. Frau F. hat im Hinblick auf derartige Konfliktsituationen keinerlei Erfahrungswissen. Sie besaß auf Grund ihres körperlichen Zustandes der fortgeschrittenen Schwangerschaft ein mangelndes Reaktionsvermögen. Darüber hinaus war sie nicht nur vollkommen übermüdet und in einem

hochgradigen Erregungszustand, sondern ihr Affektzustand erreichte nach der Feststellung des Sachverständigen zumindest den Grad von § 21 StGB. Auslösereiz und Ursache für das Tatgeschehen waren bei meiner Mandantin: Die vermeintliche Bedrohung der eigenen Tochter durch die Großmutter, die eigenen Erfahrungen und Erlebnisse mit der Großmutter, die eigene Persönlichkeitsstörung und die aktuellen körperlichen und situativen Bedingungen. Unter all diesen Umständen kann gegen meine Mandantin ein Vermeidbarkeits- und damit ein Schuldvorwurf in der konkreten Gefahrensituation nicht erhoben werden.

Es geht mir in meiner Verteidigung nicht um die Verklärung der Täterin und auch nicht um die Verteufelung des Opfers. Der Strafprozess kann seine gesellschaftliche Funktion jedoch nur wahrnehmen durch die Vermenschlichung von Opfer und Täter. Ich habe dargestellt, dass meine Mandantin in dieser speziellen Situation und unter Berücksichtigung ihrer gesamten Persönlichkeitsdisposition nicht anders handeln konnte. Frau F. sollte deshalb freigesprochen werden. Sollte aber das Gericht einen Schuldvorwurf bejahen, dann halte ich für meine bislang unbestrafte Mandantin wegen der Milderungsgründe des vermeidbaren Verbotsirrtums gem. § 17 S. 2 StGB und der verminderten Schuldfähigkeit gem. § 21 StGB eine Freiheitsstrafe von sechs Monaten - ausgesetzt zur Bewährung - für ausreichend. Vielen Dank.

6.4.7.4 Das letzte Wort des Angeklagten

Dem Angeklagten gebührt sodann das letzte Wort, § 258 Abs. 2 StPO. Hatte der Angeklagte keinen Verteidiger, so fällt sein Schlussvortrag mit seinem letzten Wort zusammen. Wird hiernach nochmals in die Hauptverhandlung eingetreten, so muss dem Angeklagten erneut das letzte Wort gewährt werden, andernfalls liegt ein Verfahrensverstoß vor, auf den eine eventuelle Revision gestützt werden kann.

Verteidigungshinweis

Der Verteidiger sollte das letzte Wort vorher unbedingt mit seinem Mandanten absprechen, damit dieser sich nicht ganz zum Schluss noch um „Kopf und Kragen“ redet.

6.4.7.5 Das Sitzungsprotokoll

Gem. § 271 Abs. 1 StPO ist über die Hauptverhandlung ein Protokoll aufzunehmen und dieses von dem Vorsitzenden und dem Urkundsbeamten der Geschäftsstelle zu unterschreiben. Welchen Inhalt das Protokoll haben muss, wird in den §§ 272, 273 StPO festgelegt.

Das Protokoll ist besonders im Hinblick auf eine möglicherweise erfolgende Revision von großer Bedeutung, denn gem. § 274 StPO kann die Beobachtung der für die Hauptverhandlung vorgeschriebenen Förmlichkeiten nur durch das Protokoll bewiesen werden. Diese sogenannte Beweiskraft des Protokolls bedeutet zum einen, dass dann, wenn wesentliche Förmlichkeiten im Protokoll enthalten sind, diese als geschehen gelten, auch wenn sie nicht stattgefunden haben (positive Beweiskraft) und zum anderen, dass dann, wenn wesentliche Förmlichkeiten nicht im Protokoll enthalten sind, diese als nicht erfolgt gelten, selbst wenn sie tatsächlich beachtet wurden (negative Beweiskraft).

Verteidigungshinweise

- Während der laufenden Hauptverhandlung kann der Verteidiger keine Einsicht in das Protokoll verlangen, weil das Protokoll erst nach seiner Fertigstellung Bestandteil der Akten wird. Der Verteidiger kann jedoch gem. § 35 Abs. 1 Satz 2 StPO Abschriften der in der Hauptverhandlung ergangenen Gerichtsbeschlüsse und der Verfügungen des Vorsitzenden erlangen, und zwar auch schon vor der Fertigstellung des Protokolls, wenn der Betroffene ein besonderes Interesse an einer früheren Erteilung einer Abschrift hat.

- Es sollte während der Hauptverhandlung immer dann ein Antrag auf wörtliche Protokollierung gestellt werden, wenn es sich um solche Vorgänge handelt, die entweder als Verfahrensfehler Anknüpfungspunkte für die Revision bilden können oder die für die Beweiswürdigung entscheidend sein können.

6.4.7.6 Das Urteil

Das Hauptverfahren schließt mit der auf die Beratung folgenden Verkündung des Urteils, § 260 Abs. 1 StPO. Von Beschlüssen und Verfügungen ist das Urteil folgendermaßen abzugrenzen:

Urteil	→ Abschließende Entscheidung, mit der eine Instanz beendet wird (Rechtsmittel: Berufung oder Revision)
Beschluss	→ Prozessbegleitende oder - beendende Entscheidung des Gerichts (Rechtsmittel: Einfache Beschwerde oder sofortige Beschwerde)
Verfügung	→ Maßnahme des Gerichts zur Verfahrensleitung

In dem Urteil entscheidet das Gericht über das Ergebnis der Beweisaufnahme nach seiner freien, aus dem Inbegriff der Verhandlung geschöpften Überzeugung, § 261 StPO. Es werden zwei Formen von Urteilen unterschieden:

Prozessurteil	→ In diesem wird wegen Fehlens der Prozessvoraussetzungen die weitere Fortsetzung des Verfahrens für unzulässig erklärt. Beispiel: Einstellung gem. § 260 Abs. 3 StPO
Sachurteil	→ In diesem wird in materieller Hinsicht entschieden, ob der Angeklagte verurteilt oder freigesprochen werden soll. Dieses Urteil muss den Eröffnungsbeschluss vollumfänglich erledigen

Handelt es sich um ein Kollegialgericht, so muss das Gericht nach § 196 Abs. 1 GVG mit der absoluten Mehrheit der Stimmen entscheiden. Ausnahmsweise ist sogar eine Mehrheit von zwei Dritteln der Stimmen erforderlich, nämlich dann, wenn über die Schuldfrage oder die Rechtsfolgen der Tat entschieden wird, § 263 Abs. 1 StPO.

Das Urteil wird grundsätzlich am Schluss der Verhandlung verkündet, § 268 Abs. 3 StPO. Dies erfolgt durch Verlesung der Urteilsformel (Tenor) und der Eröffnung der Urteilsgründe, § 268 Abs. 1 StPO. Sodann schließen sich eventuelle Beschlüsse und die Rechtsmittelbelehrung an.

Da die Verkündung des Urteils in der Regel mündlich erfolgt, muss spätestens fünf Wochen nach seiner Verkündung die schriftliche Niederschrift erfolgen, § 275 Abs. 3 StPO. Diese Urteilsurkunde muss folgende Bestandteile enthalten:

- Rubrum (Urteilskopf): Das Urteil ergeht „im Namen des Volkes", sodann folgen Name und Personalien des Angeklagten, ebenso wie das Datum des Verhandlungstages und die Namen der an der Sitzung teilnehmenden Personen (§ 275 Abs. 3 StPO).
- Tenor (Urteilsformel): Ausspruch des Gerichts über Schuld oder Unschuld des Angeklagten und der Rechtsfolgen in Kurzform (§ 260 Abs. 4 StPO)
- Liste der angewendeten Vorschriften (§ 260 Abs. 5 StPO)
- Urteilsgründe: Tatsächliche und rechtliche Würdigung der getroffenen Entscheidung → notwendiger Inhalt: § 267 StPO
- Unterschrift(en) der Berufsrichter, die an der Entscheidung mitgewirkt haben (§ 275 Abs. 2 StPO)

Beispielhaft sieht daher ein Strafurteil folgendermaßen aus:

Aktenzeichen: 2 Ls- 11 Js 1111/ 11 - 111/11

Amtsgericht Musterstadt
Im Namen des Volkes
Urteil

In der Strafsache

gegen Naomi F., geboren am 11.11.1980 in Musterstadt, wohnhaft Musterstr. 11, 11111 Musterstadt, Deutsche, ledig,

wegen gefährlicher Körperverletzung

hat das Amtsgericht Musterstadt

auf Grund der Hauptverhandlung vom 12.02.2012, an der teilgenommen haben:

Richter am Amtsgericht Dr. Wüterich
als Vorsitzender,

Romy Rächer, Musterstadt,
Shari Scharf, Musterstadt,
als Schöffen

Staatsanwalt Hinrich Tung
als Beamter der Staatsanwaltschaft

Rechtsanwalt Dr. B. Währung, Musterstadt,
als Verteidiger

Justizbeschäftigte Zicke
als Urkundsbeamtin der Geschäftsstelle

für R e c h t erkannt:

Die Angeklagte wird wegen gefährlicher Körperverletzung zu einer Freiheitsstrafe von 6 Monaten, deren Vollstreckung zur Bewährung ausgesetzt wird, verurteilt.

Die Kosten des Verfahrens werden der Angeklagten auferlegt.
§§ 223, 224 Abs. 1 Ziffern 2 und 5, 21 StGB.

Gründe:

I.

Die 31 Jahre alte Angeklagte ist Hausfrau und hat keine Ausbildung. Sie hat drei Kinder, die 5 Jahre, 2 Jahre und 1 Jahr alt sind. Sie erhält gemeinsam mit diesen Kindern insgesamt 1.058,00 € an öffentlichen Leistungen. Die beiden letzten Kinder stammen von dem Zeugen Lukas P., der nicht dauerhaft mit der Angeklagten zusammenlebt. Die Angeklagte ist nicht vorbestraft.

II.

In der Nacht zum 09.09.2009 übernachtete die Angeschuldigte gemeinsam mit ihrer dreijährigen Tochter Paris in der Wohnung ihrer Mutter, der Zeugin Rosemarie F. Am Morgen des 09.09.2009 kam es gegen 9.00 Uhr zu einem Streit zwischen der Angeschuldigten und ihrer inzwischen erheblich alkoholisierten Mutter. Auslöser dieses Streits war, dass die Zeugin Rosemarie F. das Kind Paris heftig beschimpfte. Die Angeschuldigte stellte sich der Zeugin Rosemarie F. in den Weg und schlug ihr mit einer Vase auf den Kopf. Als die Zeugin auch daraufhin nicht von ihren Beschimpfungen und ihrem aggressiven Verhalten abließ, ergriff die Angeschuldigte ein Küchenmesser und fügte der Zeugin drei Stichwunden im Brustbereich zu. Außerdem versetzte sie ihr insgesamt vier Stiche in den Rücken. Die Stichverletzungen im Brustbereich führten zu einem lebensgefährlichen Pneumothorax. Die Angeklagte rief unmittelbar nach der Tat die Polizei an und sorgte dadurch für sofortige ärztliche Hilfe. Auf diese Weise konnte das Leben der Zeugin Rosemarie F. durch eine Notoperation gerettet werden.

III.

Dieser Tathergang steht zur Überzeugung des Gerichts fest auf Grund der weitgehend glaubhaften Aussage der Angeklagten, die das Gericht für überzeugend und nachvollziehbar hielt und die durch die ebenfalls glaubhaften Angaben ihres Freundes Lukas P. gestützt wurden, der das Geschehen aus der Distanz durch drei Telefonate mitbekommen hat. Zudem unterstützt der Notruf bei der Polizei, welcher im Laufe der Hauptverhandlung abgespielt wurde, sowohl vom Wortlaut als auch vom Gesamteindruck her die Darstellung der Angeklagten. Auch nach der Auffassung des Sachverständigen, der sich eingehend mit der Angeklagten und ihrer Lebensgeschichte sowie ihrer Darstellung dieses Vorfalls beschäftigt hat, ist die Aussage nachvollziehbar und glaubhaft. ...

IV.

Auf Grund des festgestellten Sachverhalts hat sich die Angeklagte der gefährlichen Körperverletzung gem. §§ 223 und 224 Abs. 1 Ziffern 2 und 5 StGB schuldig gemacht.

Bezüglich der Messerstiche geht das Gericht davon aus, dass objektiv zu diesem Zeitpunkt keine Notwehrlage mehr gegeben war. Ein Angriff auf die Tochter der Angeklagten lag jetzt nicht mehr vor. Zweifelsfrei hat die Angeklagte jedoch angenommen, dass ein solcher Angriff noch vorliegt. Wegen des Überschreitens der gebotenen Verteidigungshandlung zu Gunsten ihrer Tochter kann von Putativnotwehr nicht ausgegangen werden. Es kommt lediglich ein Putativnotwehrexzess in Betracht. Die Angeklagte, die nach wie vor von dem Vorliegen eines Angriffs ausging, hat das Maß der Verteidigung überschritten. Dieser Fall eines Doppelirrtums von Erlaubnistatbestandsirrtum und Verbotsirrtum ist letztlich nach § 17 StGB zu beurteilen.

Bei der Beurteilung, ob dieser Irrtum vermeidbar oder unvermeidbar war, spielt es auch eine Rolle, dass es sich hier bei der Angreiferin um die Mutter der Angeklagten handelte, die ihr nunmehr ins Gesicht sah, und dass diese dem Kind trotz aller Drohungen bislang nie etwas getan hat. Überdies hat der Sachverständige geschildert, dass die besondere psychische Grundsituation des Affekts, zu dem sich das Geschehen hier hochgeschaukelt hatte, sich rapide abbaut. Dieser Abbau ist nach den Messerstichen auch genauso zügig wie von ihm dargestellt erfolgt: Die Angeklagte kümmerte sich dann um ihre Mutter, sie versuchte Hilfe herbeizuholen etc. Dieser Zeitpunkt des Ernüchterns und des tatsächlichen Erkennens der Situation hätte zu diesem Zeitpunkt eintreten müssen, sodass der Irrtum über das Fortbestehen der Notwehrlage vermeidbar war.

V.

Bei der Strafzumessung hat sich das Gericht von folgenden Erwägungen leiten lassen. Der Strafrahmen des § 224 StGB sieht Freiheitsstrafe von sechs Monaten bis zu zehn Jahren vor. Das Gericht geht jedoch davon aus, dass dieser Strafrahmen zum einen wegen des Verbotsirrtums über § 17 S. 2 i. V. m. § 49 Abs. 1 StGB und andererseits auch unter dem Aspekt der verminderten Schuldfähigkeit über § 21 i. V. m. § 49 Abs. 1 StGB gemildert werden kann. ...

VI.

Die Kostenentscheidung beruht auf § 465 StPO.

Dr. Wüterich

6.4.8 Die Rechtskraft des Urteils

Wird gegen das Urteil kein Rechtsmittel, d.h. Berufung oder Revision, eingelegt, so wird es rechtskräftig. Dabei ist zwischen formeller und materieller Rechtskraft zu unterscheiden:

- **Formelle Rechtskraft** bedeutet, dass die Entscheidung nicht mehr mit ordentlichen Rechtsmitteln angefochten werden kann.
- Die **materielle Rechtskraft** setzt die formelle Rechtskraft voraus und besagt, dass ein erneutes Verfahren wegen der abgeurteilten Tat im prozessualen Sinne (§ 264 StPO) unzulässig ist. Man bezeichnet dies auch als Sperrwirkung. Sie ist grundgesetzlich verankert durch den Grundsatz des „ne bis in idem" (Art. 103 Abs. 3 GG) und stellt für weitere Verfahren ein Verfahrenshindernis dar. Die materielle Rechtskraft umfasst allerdings nur den Entscheidungstenor und nicht die Urteilsgründe.

Eine **Durchbrechung** der Rechtskraft ist nur in folgenden Fällen möglich:

- Wiedereinsetzung in den vorigen Stand, §§ 44 ff. StPO
- Wiederaufnahme des Verfahrens, § 359 ff. StPO
- Erstreckung des Revisionsurteils auf einen Mitangeklagten, § 357 ff. StPO
- Urteilsaufhebung aufgrund Verfassungsbeschwerde durch das BVerfG, § 95 Abs. 2 BVerfGG
- Individualbeschwerde nach § 34 MRK

6.4.8.1 Die Wiedereinsetzung in den vorigen Stand

Von besonderer Bedeutung für die Praxis des Strafverteidigers ist die Wiedereinsetzung in den vorigen Stand nach §§ 44 ff. StPO: Hiernach wird demjenigen, der ohne Verschulden verhindert war, eine Frist einzuhalten, auf Antrag Wiedereinsetzung in den vorigen Stand gewährt, d.h. er wird so gestellt, als hätte er die Frist nicht versäumt. Ein solcher Antrag hemmt jedoch nicht die Vollstreckung einer gerichtlichen Entscheidung, § 47 Abs. 1 StPO.

Die Zulässigkeit eines solchen Antrags setzt voraus:

- Stellung des Antrags innerhalb einer Frist von einer Woche nach Wegfall des Hindernisses bei dem Gericht, dessen Frist wahrzunehmen gewesen wäre bzw. bei dem Gericht, das über den Antrag entscheidet, § 45 Abs. 1 StPO. Letzteres ist nach § 46 Abs. 1 StPO das Gericht, das bei rechtzeitiger Handlung zur Entscheidung in der Sache berufen gewesen wäre.
- Nachholung der versäumten Handlung innerhalb der Antragsfrist, § 45 Abs. 2 S. 2 StPO.
- Glaubhaftmachung des Hinderungsgrundes

Begründet ist der Antrag dann, wenn ein Verschulden des Antragstellers hinsichtlich der Fristversäumnis nicht vorlag.

Beispiele:

- Verzögerungen bei der Postbeförderung
- Verspätete Beiordnung des Verteidigers
- grds.: keine Zurechnung des Verschuldens des Verteidigers oder seiner Kanzleiangestellten

6.4.8.2 Wiederaufnahme des Verfahrens

In der Praxis weitaus seltener ist die Wiederaufnahme des Verfahrens nach §§ 359 ff. StPO. Sie ist nur in eng umgrenzten Ausnahmefällen möglich:

- Die Wiederaufnahme **zugunsten** des Angeklagten kann erfolgen, wenn einer der in § 359 Nr. 1 bis 6 StPO genannten Gründe vorliegt. Hervorzuheben ist hier § 359 Nr. 5 StPO, wonach eine Wiederaufnahme dann erfolgt, wenn neue Tatsachen oder Beweismittel beigebracht sind, die ein milderes Urteil für den Angeklagten zu begründen geeignet sind.

- Zudem ist eine Wiederaufnahme **zuungunsten** des Angeklagten unter den in § 362 Nr. 1 bis 4 StPO genannten Voraussetzungen möglich.

In der Antragsschrift muss der Verteidiger den betreffenden gesetzlichen Grund für die Wiederaufnahme des Verfahrens und die betreffenden Beweismittel angeben, § 366 Abs. 1 StPO.

Das Wiederaufnahmeverfahren gliedert sich sodann in 3 Abschnitte:

- <u>1. Zulässigkeitsprüfung = sog. Aditionsverfahren, § 368 StPO:</u>

  Hier erfolgt die Prüfung, ob der Antrag in der vorgeschriebenen Form angebracht ist, ob ein gesetzlicher Wiederaufnahmegrund geltend gemacht wird und ob ein geeignetes Beweismittel angebracht wird. Kommt das Gericht zur Unzulässigkeit des Antrags, so verwirft es ihn; andernfalls ergeht ein Zulassungsbeschluss.

- <u>2. Begründetheitsprüfung = sog. Probationsverfahren, §§ 369, 370 StPO:</u>

  Soweit es als erforderlich erachtet wird, beauftragt das Gericht einen Richter mit der Aufnahme der angetretenen Beweise, § 369 Abs. 1 StPO. Aufgrund des ermittelten Ergebnisses wird entweder der Antrag ohne mündliche Verhandlung als unbegründet verworfen, wenn die aufgestellten Behauptungen keine Bestätigung gefunden haben, § 370 Abs. 1 StPO, oder es wird die Wiederaufnahme des Verfahrens und die Erneuerung der Hauptverhandlung angeordnet, § 370 Abs. 2 StPO.

- <u>3. Neue Hauptverhandlung, §§ 370 Abs. 2, 373 StPO:</u>

  Es findet dann eine gänzlich neue Hauptverhandlung statt, an deren Ende entweder das frühere Urteil aufrechterhalten wird oder unter seiner Aufhebung anderweitig in der Sache erkannt wird. Hat lediglich der Verurteilte, zu seinen Gunsten die Staatsanwaltschaft oder sein gesetzlicher Vertreter die Wiederaufnahme des Verfahrens beantragt, so darf das frühere Urteil in Art und Höhe der Rechtsfolgen der Tat nicht zum Nachteil des Verurteilten geändert werden (Verbot der reformatio in peius), § 373 Abs. 2 StPO.

6.4.9 Abschließende Verteidigungshinweise zum Hauptverfahren

- Nach § 238 Abs. 2 StPO kann der Verteidiger die auf die Sachleitung bezogenen Anordnungen des Vorsitzenden beanstanden. Zu diesen Maßnahmen des Vorsitzenden gehören zum Beispiel:

  - die unzureichende Anhörung des Angeklagten
  - Vorhalte an Zeugen
  - die Entziehung des Fragerechts
  - die unzureichende Einräumung von Besprechungsmöglichkeiten zwischen dem Verteidiger und seinem Mandanten
  - die Zurückweisung von Beweisermittlungsanträgen

  Eine bestimmte Form der Beanstandung ist nicht vorgeschrieben, erforderlich ist jedoch eine Beschwer des Antragstellers. Der Verteidiger muss in diesen Fällen einen Antrag auf gerichtliche Entscheidung stellen; danach hat das Gericht durch Beschluss über diese Beanstandung zu entscheiden. § 238 Abs. 2 StPO gilt auch für das Verfahren vor dem Strafrichter, obwohl hier der Vorsitzende und das Gericht identisch sind.

- Im Zusammenhang mit Fragen der Entfernung des Angeklagten aus der Hauptverhandlung ist zu beachten, dass die Anwesenheitspflicht und das Anwesenheitsrecht des Angeklagten nicht disponibel sind. Es bedarf gem. § 247 StPO zwingend eines Gerichtsbeschlusses über den vorübergehenden Ausschluss des Angeklagten von der Hauptverhandlung. Der Angeklagte kann gem. § 247 StPO nur für die Dauer der Vernehmung des Zeugen ausgeschlossen werden.

7 Die Verständigung im Strafprozess

Gem. § 257 c StPO kann sich das Gericht in geeigneten Fällen mit den Verfahrensbeteiligten über den weiteren Fortgang und das Ergebnis des Verfahrens verständigen. Man spricht hier von einer „Verständigung im Strafverfahren" oder einem „Deal". Der Vorteil für den Beschuldigten besteht darin, dass er zum einen in einem gewissen Rahmen Sicherheit hinsichtlich des Verfahrensausgangs erhält und dass ihm zum anderen eine Strafmilderung in Aussicht gestellt wird.

7.1 Der Gegenstand einer Verständigung

Gegenstand einer Verständigung dürfen nur die Rechtsfolgen sein, die Inhalt des Urteils und der dazugehörigen Beschlüsse sein können, sonstige verfahrensbezogene Maßnahmen sowie das Prozessverhalten der Verfahrensbeteiligten. Bestandteil jeder Verständigung soll ein Geständnis sein.

Beispiele:

- Mit sonstigen verfahrensbezogenen Maßnahmen (im zugrundeliegenden Erkenntnisverfahren) ist beispielsweise gemeint, dass ein Absehen von der Strafverfolgung nach § 154 Abs. 2 StPO vereinbart wird oder dass das Gericht von bestimmten Beweiserhebungen absieht.
- Mit dem Prozessverhalten der Verfahrensbeteiligten ist zum Beispiel der Verzicht auf die Stellung weiterer Beweisanträge, die Zusage einer Schadenswiedergutmachung durch den Angeklagten oder der Verzicht auf einen Antrag auf Ablehnung des Gerichts wegen Befangenheit angesprochen.

Der Schuldspruch sowie Maßregeln der Besserung und Sicherung dürfen nicht Gegenstand einer Verständigung sein. Die Vereinbarung bezieht sich also in erster Linie auf den Strafausspruch, es kann aber auch die Verhängung einer Nebenstrafe (z. B. Fahrverbot) oder von Nebenfolgen (z. B. Einziehung und Verfall) Gegenstand der Vereinbarung sein.

7.2 Der Ablauf einer Verständigung

Das Gericht gibt bekannt, welchen Inhalt die Verständigung haben könnte. Es kann dabei unter freier Würdigung aller Umstände des Falles sowie der allgemeinen Strafzumessungserwägungen auch eine Ober- und Untergrenze der Strafe angeben. Danach erhalten die Verfahrensbeteiligten Gelegenheit zur Stellungnahme. Die Verständigung kommt dann zu Stande, wenn der Angeklagte und die Staatsanwaltschaft dem Vorschlag des Gerichts zustimmen.

In Bezug auf die Voraussetzung eines Geständnisses handelt es sich lediglich um eine Soll-Vorschrift. Die Zusicherung eines gegenüber dem gesetzlichen Normalstrafrahmen milderen Strafrahmens hängt also nicht zwingend von der Ablegung eines Geständnisses ab. Der Angeklagte soll sich diesen milderen Strafrahmen offensichtlich auch schon durch sonstiges prozessuales Wohlverhalten verdienen. Wenn jedoch tatsächlich ein Geständnis abgegeben wird, dann muss es sich um ein glaubhaftes und qualifiziertes Geständnis handeln. Eine Strafe ohne Geständnis sollte regelmäßig nicht mehr als ein zusätzliches Drittel der nach einem Geständnis zu verhängenden Strafe betragen.

Gem. § 160 b StPO kann auch die Staatsanwaltschaft den Stand des Verfahrens mit den Verfahrensbeteiligten erörtern, soweit dies geeignet erscheint, das Verfahren zu fördern. Der wesentliche Inhalt dieser Erörterung ist aktenkundig zu machen. Nach § 202 a StPO kann das Gericht auch im Zwischenverfahren den Stand des Verfahrens mit den Verfahrensbeteiligten erörtern, sofern es die Eröffnung des Hauptverfahrens erwägt und soweit dies geeignet erscheint, das Verfahren zu fördern. Der wesentliche Inhalt dieser Erörterung ist ebenfalls aktenkundig zu machen. Nach Eröffnung des Hauptverfahrens gilt § 202 a StPO entsprechend (§ 212 StPO). Gem. § 243 Abs. 4 StPO teilt der Vorsitzende mit, ob Erörterungen nach den §§ 202 a, 212 StPO stattgefunden haben, wenn deren Gegenstand die Möglichkeit einer Verständigung gewesen ist, und wenn ja, deren wesentlichen Inhalt. Diese Pflicht gilt auch im weiteren Verlauf der Hauptverhandlung, soweit sich Änderungen gegenüber der Mitteilung zu Beginn der Hauptverhandlung ergeben haben. Falls es sich lediglich um kurze telefonische Kontaktaufnahmen ohne konkretes Ergebnis gehandelt hat, etwa die Frage an den Verteidiger, ob der Angeklagte ein Geständnis ablegen wird oder ob mit der Stellung von Beweisanträgen zu rechnen ist, dann braucht dies nicht erwähnt zu werden.

7.3 Die Wirkungen der Verständigung

Grundsätzlich ist das Gericht an die Absprache gebunden. Die Bindung des Gerichts an eine Verständigung entfällt gem. § 257 c Abs. 4 StPO, wenn rechtlich oder tatsächlich bedeutsame Umstände übersehen worden sind oder sich neu ergeben haben und das Gericht deswegen zu der Überzeugung gelangt, dass der in Aussicht gestellte Strafrahmen nicht mehr tat- oder schuldangemessen ist. Gleiches gilt, wenn das weitere Prozessverhalten des Angeklagten nicht dem Verhalten entspricht, das der Prognose des Gerichts zu Grunde gelegt worden ist. Das Geständnis des Angeklagten darf jedoch in diesen Fällen nicht verwertet werden.

Ist einem Urteil eine Verständigung vorausgegangen, so ist der Betroffene gem. § 35 a Satz 3 StPO auch darüber zu belehren, dass er in jedem Fall frei in seiner Entscheidung ist, ein Rechtsmittel einzulegen.

8 Strafverteidigung in der Berufungsinstanz

Bei der Berufung handelt es sich um eine sogenannte „zweite Tatsacheninstanz". Dies bedeutet, dass sowohl in rechtlicher als auch in tatsächlicher Hinsicht eine erneute Überprüfung des Sachverhalts stattfindet. Grundlage dieser neuen Verhandlung ist der Eröffnungsbeschluss des Amtsgerichts. Dabei kommt der Berufung sowohl ein Suspensiveffekt als auch ein Devolutiveffekt zu.

8.1 Die Zulässigkeit der Berufung

Das Rechtsmittel der Berufung kann unbestimmt eingelegt werden. Es reicht also aus, in der Einlegungsschrift lediglich von einem „Rechtsmittel" zu sprechen. Die endgültige Wahl muss aber bis spätestens zum Ablauf der Revisionsbegründungsfrist getroffen werden. Wird keine Wahl getroffen, dann wird das Rechtsmittel als Berufung durchgeführt.

8.1.1 Die Statthaftigkeit der Berufung

Gegen Urteile des Strafrichters und des Schöffengerichts steht das Rechtsmittel der Berufung (§ 312 StPO) offen. Erstinstanzliche Urteile des Landgerichts und des Oberlandesgerichts können hingegen nicht mit der Berufung, sondern ausschließlich mit der Revision angegriffen werden.

8.1.2 Die Berufungsberechtigung

Wer zur Einlegung der Berufung berechtigt ist, wird in verschiedenen Vorschriften geregelt:

- der Angeklagte, § 296 StPO
- ggf. der gesetzliche Vertreter des Angeklagten, § 298 StPO
- der Verteidiger, § 297 StPO, jedoch nicht gegen den ausdrücklichen Willen des Angeklagten
- die Staatsanwaltschaft, § 296 StPO
- ggf. der Privatkläger, § 390 StPO
- ggf. der Nebenkläger, § 401 StPO

Die Prozessfähigkeit im zivilrechtlichen Sinn ist im Strafverfahren ohne Bedeutung. § 298 StPO gewährt dem gesetzlichen Vertreter ein zusätzliches selbstständiges Rechtsmittelrecht – unabhängig vom Willen des Jugendlichen. Falls der Verteidiger durch den gesetzlichen Vertreter bevollmächtigt wird, kann dieser auch gegen den Willen des minderjährigen Angeklagten Rechtsmittel einlegen, da der entgegenstehende Wille des

Angeklagten wegen der selbstständigen Rechtsmittelberechtigung des gesetzlichen Vertreters nach § 298 StPO unbeachtlich ist.

8.1.3 Die Frist und der Adressat der Berufung

Nach § 314 Abs. 1 StPO ist die Berufung innerhalb einer Woche ab Verkündung des angefochtenen Urteils bei dem Gericht, dessen Entscheidung angefochten wird, einzulegen. War der Angeklagte bei der Verkündung des Urteils nicht anwesend, beginnt diese Frist mit der Zustellung des Urteils, § 314 Abs. 2 StPO. Wird die Berufung verspätet eingelegt, so verwirft das Amtsgericht sie als unzulässig.

8.1.4 Die Form der Berufung

Die Berufung ist bei dem Ausgangsgericht schriftlich oder zu Protokoll der Geschäftsstelle einzulegen.

Berufungen müssen nicht begründet werden. Die Staatsanwaltschaft ist allerdings nach Nummer 156 Abs. 1 RiStBV zu einer Begründung angehalten. Auch der Verteidiger sollte eine Berufung in der Regel begründen. Zumindest sollte er offen legen, was er mit seinem Rechtsmittel erreichen will. Nach § 318 StPO kann die Berufung auf bestimmte Beschwerdepunkte beschränkt werden. Insbesondere ist eine Beschränkung auf das Strafmaß denkbar.

8.1.5 Die Beschwer

Ein Rechtsschutzinteresse des Anfechtenden ist grundsätzlich nur dann gegeben, wenn er beschwert ist. Dies beurteilt sich ausschließlich nach dem Tenor der Entscheidung, nicht jedoch nach den Entscheidungsgründen. Eine Ausnahme besteht nur bei ganz erheblichen Eingriffen in das allgemeine Persönlichkeitsrecht; dann ist eine Verfassungsbeschwerde möglich.

Bei der Frage der Beschwer ist danach zu differenzieren, wer die Berufung eingelegt hat:

- Der Angeklagte ist bei jeder für ihn nachteiligen Entscheidung beschwert. Bei einem Freispruch oder einer Einstellung des Verfahrens hat er somit keine Möglichkeit, Berufung einzulegen, auch wenn ihm die betreffende Begründung nicht zusagt, beispielsweise der Freispruch aus Mangel an Beweisen erfolgt.
- Will die Staatsanwaltschaft Berufung einlegen, so genügt es, dass sie geltend macht, die Entscheidung sei unrichtig. Sie kann folglich so-

wohl zugunsten als auch zuungunsten des Angeklagten Berufung einlegen.

8.1.6 Die Zuständigkeit

Über die Berufung entscheidet die kleine Strafkammer, §§ 74 Abs. 3, 76 Abs. 1 S. 1 GVG. Bei Entscheidungen des erweiterten Schöffengerichts müssen zwei Berufsrichter tätig werden, § 76 Abs. 3 S. 1 GVG i. V. m § 29 Abs. 2 GVG. Wird eine Entscheidung des Jugendschöffengerichts angefochten, so ist die große Jugendstrafkammer das Berufungsgericht.

8.2 Der Ablauf des Verfahrens vor dem Berufungsgericht

Erachtet das Berufungsgericht die Vorschriften über die Einlegung der Berufung nicht für beachtet, so kann es die Berufung durch Beschluss als unzulässig verwerfen, § 322 Abs. 1 StPO. Andernfalls entscheidet es über die Berufung durch Urteil.

Das Berufungsgericht hat auch die Möglichkeit, aus Opportunitätsgründen das Verfahren nach den §§ 153 ff. StPO einzustellen, allerdings nur, wenn Staatsanwalt und Angeklagter zustimmen. Darüber hinaus ist auch die Einstellung nach § 206 a StPO möglich, wenn ein Verfahrenshindernis vorliegt.

8.2.1 Die Annahme der Berufung

In einigen gesetzlich geregelten Fällen bedarf es der ausdrücklichen Annahme der Berufung durch das Berufungsgericht §§ 313, 322 a StPO:

- Verurteilung zu einer Geldstrafe von nicht mehr als 15 Tagessätzen
- Bei einer Verwarnung, wenn die vorbehaltene Strafe nicht mehr als 15 Tagessätze beträgt
- Verurteilung zu einer Geldbuße
- Freispruch oder Einstellung des Verfahrens, wenn die Staatsanwaltschaft nicht mehr als 30 Tagessätze beantragt hatte

In diesen Fällen wird die Berufung nur angenommen, wenn sie nicht offensichtlich unbegründet ist. Eine solche offensichtliche Unbegründetheit liegt dann vor, wenn für jeden Sachkundigen aufgrund der Urteilsgründe, einer etwaigen Berufungsbegründung und aufgrund des Protokolls der Hauptverhandlung problemlos erkennbar ist, dass keine Verfahrensfehler, die zur Revisionseinlegung berechtigen würden, begangen worden sind, und auch keine materiell-rechtlichen Mängel vorliegen.

8.2.2 Die Hauptverhandlung vor dem Berufungsgericht

Aus den §§ 323 bis 326 StPO ergibt sich, dass der Ablauf der Hauptverhandlung im Wesentlichen demjenigen der ersten Instanz entspricht.

Zu beachten ist jedoch, dass dann, wenn der Angeklagte zur Berufungshauptverhandlung nicht erscheint und sein Ausbleiben nicht genügend entschuldigt ist, die Berufung nach § 329 Abs. 1 Satz 1 StPO grundsätzlich verworfen wird. Der Angeklagte ist auf die Folgen seines Ausbleibens ausdrücklich hinzuweisen, § 323 Abs. 1 S. 2 StPO.

> **Beachte**:
>
> Auch das Erscheinen im verhandlungsunfähigen Zustand (z. B. auf Grund Alkohols) wird vom Begriff des Nichterscheinens erfasst.

Ausnahmen von dieser Verwerfungsmöglichkeit finden sich in § 329 Abs. 1 und Abs. 2 StPO:

> - Das Berufungsgericht verhandelt erneut, nachdem die Sache vom Revisionsgericht zurückverwiesen worden ist.
> - Die Staatsanwaltschaft hat Berufung eingelegt.

Gemäß § 329 Abs. 3 StPO kann der Angeklagte binnen einer Woche die Wiedereinsetzung in den vorigen Stand beantragen.

8.2.3 Die Entscheidung des Berufungsgerichts

Stellt das Berufungsgericht in der Hauptverhandlung fest, dass eine oder mehrere Zulässigkeitsvoraussetzungen nicht gegeben sind, so verwirft das Gericht die Berufung in Form eines Prozessurteils als unzulässig. Gemäß § 260 Abs. 3 StPO stellt das Gericht durch Beschluss das Verfahren ein, wenn eine Prozessvoraussetzung fehlt.

In den übrigen Fällen entscheidet das Gericht in der Sache. Dabei stehen ihm folgende Möglichkeiten offen:

- Hält es die Berufung für begründet, so hebt es das angefochtene Urteil auf und entscheidet selbst in der Sache, § 328 Abs. 1 StPO.
- Hält es die Berufung nur zum Teil für begründet, so hebt es das angefochtene Urteil auch nur teilweise auf und entscheidet insoweit neu.
- Kommt das Berufungsgericht zu dem Ergebnis, dass die Berufung unbegründet ist, so wird die zulässige Berufung als unbegründet verworfen.

Hebt das Berufungsgericht das angefochtene Urteil (teilweise) auf, so gilt dies nur für denjenigen Angeklagten, der die Berufung eingelegt hat bzw. zu dessen Gunsten die Berufung eingelegt wurde. Für eventuelle Mitangeklagte der ersten Instanz ist dies hingegen bedeutungslos.

8.2.4 Verbot der reformatio in peius

Im Berufungsverfahren gilt gemäß § 331 StPO das Verbot der Schlechterstellung (reformatio in peius). Das Urteil darf im Rechtsfolgenausspruch nicht zum Nachteil des Angeklagten geändert werden, wenn lediglich der Angeklagte, zu seinen Gunsten die Staatsanwaltschaft oder sein gesetzlicher Vertreter Berufung eingelegt hat. Der Schuldspruch kann dagegen zum Nachteil des Angeklagten abgeändert werden. Wenn der Verteidiger dies verhindern will, dann muss er an eine Beschränkung der Berufung auf den Rechtsfolgenausspruch denken.

8.3 Verteidigungshinweise zum Berufungsverfahren

Nach dem Aufruf zur Sache und der Feststellung der Anwesenheit fragt der Vorsitzende den Verteidiger sehr oft nach dem Ziel der Berufung. Hierauf muss der Verteidiger vorbereitet sein und sofort eine überzeugende Erklärung abgeben können. In zahlreichen Fällen weist der Vorsitzende den Verteidiger zu Beginn der Hauptverhandlung auch darauf hin, dass die Berufung nach vorläufiger Bewertung keine hinreichenden Aussichten auf Erfolg verspricht. Auch dies muss der Verteidiger vorab mit seinem Mandanten besprochen haben, und er muss dieser Anregung zur Rücknahme der Berufung Gegenargumente aufzeigen können.

9 Strafverteidigung in der Revisionsinstanz

Im Gegensatz zur Berufung, bei der eine umfassende Überprüfung des Urteils hinsichtlich der Feststellung des Sachverhalts und der rechtlichen Würdigung stattfindet, erfolgt im Rahmen der Revision nur die Überprüfung des Urteils hinsichtlich etwaiger Rechtsverletzungen. Dabei kommt auch der Revision sowohl ein Suspensiveffekt als auch ein Devolutiveffekt zu.

9.1 Die Zulässigkeit der Revision

Eine Urteilsanfechtung ist immer dann als Revision aufzufassen, wenn eine Anfechtungserklärung vorliegt, welche auf die Überprüfung des vorinstanzlichen Urteils wegen Verletzung des formellen oder materiellen Rechts gerichtet ist. Bei Unklarheiten ist eine Auslegung in ein zulässiges Rechtsmittel vorzunehmen. Bei fehlerhafter Bezeichnung findet gemäß § 300 StPO eine Umdeutung statt; eine falsche Bezeichnung ist also unschädlich. Ein Übergang von der Revision zur Berufung und umgekehrt ist innerhalb der Revisionsbegründungsfrist möglich. Danach ist ein nochmaliger Wechsel des Rechtsmittels ausgeschlossen.

9.1.1 Die Statthaftigkeit

Die Revision ist statthaft gegen überprüfbare Urteile (§§ 333, 335 StPO). Dies sind erstinstanzliche Urteile des OLG (vgl. § 120 GVG) und erstinstanzliche Urteile der großen Strafkammern bzw. des Schwurgerichts beim Landgericht (vgl. 74 GVG). Urteile der Amtsgerichte sind mit der Sprungrevision nach § 335 StPO beim Oberlandesgericht anfechtbar. Dann wird eine Tatsacheninstanz, nämlich die kleine Strafkammer beim Landgericht als Berufungsgericht, übersprungen. Die Revision ist schließlich statthaft gegen Berufungsurteile des Landgerichts. Eine Ausnahme findet sich im Jugendstrafverfahren in § 55 Abs. 2 S. 1 JGG. Diese Vorschrift beschränkt die Anfechtungsmöglichkeiten jedes Verfahrensbeteiligten auf ein Rechtsmittel.

9.1.2 Die Revisionsberechtigung

Die Revisionsberechtigung wird – ebenso wie die Berufungsberechtigung - geregelt durch die Vorschriften der §§ 296 Abs. 1, 297, 298 StPO (§ 67 Abs. 3 JGG), §§ 390, 400 f. StPO.

9.1.3 Die Frist

Die Frist zur Revisions**einlegung** beträgt eine Woche nach Verkündung des Urteils. Wenn die Verkündung in Abwesenheit des Angeklagten stattgefunden hat, dann beginnt die Frist mit der Zustellung (§ 341 Abs. 2 StPO).

9.1.4 Ordnungsgemäße Revisionseinlegung

Die ordnungsgemäße Revisionseinlegung richtet sich nach § 341 Abs. 1 StPO. Der richtige Adressat ist der iudex a quo. Dies ist das Gericht, dessen Entscheidung angefochten wird.

Die Revision muss schriftlich oder zu Protokoll der Geschäftsstelle eingelegt werden. Dabei besteht für die reine Einlegung der Revision kein Anwaltszwang. Dies leitet man zum einen aus dem Wortlaut des § 341 StPO und zum andern aus einem Umkehrschluss aus § 345 Abs. 2 StPO her.

9.1.5 Ordnungsgemäße Revisionsbegründung

Im Gegensatz zur Berufung muss der Revisionsantrag begründet werden, § 344 Abs. 1 StPO. Auch die Revisionsbegründung ist bei dem Gericht anzubringen, dessen Urteil angefochten wird. Dabei beträgt die Revisions**begründungsfrist** einen Monat nach Ablauf der Frist zur Einlegung. Eine Ausnahme besteht für den Fall, dass das Urteil nach Ablauf der Revisionseinlegungsfrist noch nicht zugestellt war. In der Praxis ist dies sogar der Regelfall. Dann beginnt die Frist gem. § 345 Abs. 1 Satz 2 StPO mit der Zustellung.

Die Revisionsbegründung hat gem. § 345 Abs. 2 StPO schriftlich zu erfolgen, und zwar nur durch den Verteidiger oder einen Rechtsanwalt in einer von ihm unterzeichneten Schrift. Der Angeklagte kann die Revision aber auch zu Protokoll der Geschäftsstelle begründen. Dieses ist ohne Verteidiger bzw. Rechtsanwalt möglich. Bei der Revisionsbegründung durch die Staatsanwaltschaft genügt einfache Schriftform.

Gemäß § 344 Abs. 1 Halbsatz 1 StPO muss eine Erklärung des Revisionsführers erfolgen, inwieweit er das Urteil anficht und dessen Aufhebung beantragt. Zudem muss der Revisionsführer seine Anträge begründen. Gem. § 344 Abs. 2 muss aus dieser Begründung hervorgehen, ob das Urteil wegen Verletzung einer Rechtsnorm über das Verfahren (sogenannte Verfahrensrüge) oder wegen Verletzung einer anderen Rechtsnorm (sogenannte Sachrüge) angefochten wird:

- Die **Verfahrensrüge** ist die Rüge der Verletzung einer formellen Rechtsnorm, d.h. einer solchen, die den Ablauf des Verfahrens betrifft. Dies sind in der Regel Normen der StPO, beispielsweise aber auch solche des GVG.
- Mit der **Sachrüge**, d. h. mit der Rüge der Verletzung materiellen Rechts, wird die Rechtsanwendung auf den festgestellten Sachverhalt als fehlerhaft gerügt.

9.1.6 Beschwer

Beschwer bedeutet, dass sich für den Revisionsführer durch die angefochtene Entscheidung eine Nachteiligkeit aus dem Tenor ergeben muss. Insofern kann auf die Ausführungen bei der Berufung verwiesen werden.

9.1.7 Die Zuständigkeit

Die Zuständigkeit des Revisionsgerichts richtet sich danach, welches Gericht bei der angegriffenen Vorinstanz zuständig war:

Angegriffene Vorinstanz	Zuständiges Revisionsgericht
Erstinstanzliche Urteile des AG (im Wege der sog. Sprungrevision, § 335 StPO)	→ OLG (§§ 335 Abs. 2 StPO, 74 Abs. 3, 121 Abs. 1 Nr. 1 b GVG)
Falls diese mit der Berufung nicht anfechtbar sind	→ OLG (§§ 335 Abs. 2 StPO, 74 Abs. 3, 121 Abs. 1 Nr. 1 a GVG)
Berufungsurteile des LG	→ OLG (§ 121 Abs. 1 Nr. 1 b GVG)
Erstinstanzliche Urteile des LG, wenn die Revision ausschließlich auf die Verletzung einer in den Landesgesetzen enthaltenen Norm gestützt wird	→ OLG (§ 121 Abs. 1 Nr. 1 c GVG)
Erstinstanzliche Urteile des LG in allen übrigen Fällen	→ BGH (§ 135 Abs. 1 GVG)
Erstinstanzliche Urteile des OLG	→ BGH (§ 135 Abs. 1 GVG)

Ähnlich wie bei der Berufung obliegt die Prüfung der Unzulässigkeit hinsichtlich Frist und Form dem iudex a quo, sogenannte beschränkte Prüfungskompetenz. Werden Frist oder Form nicht eingehalten, so verwirft dieses Gericht gemäß § 346 Abs. 1 StPO die Revision durch Beschluss. Hiergegen kann der Revisionsführer gemäß § 346 Abs. 2 Satz 1 StPO innerhalb einer Woche nach Zustellung des Beschlusses einen Antrag auf Entscheidung des Revisionsgerichts stellen.

9.2 Der Ablauf des Verfahrens vor dem Revisionsgericht

Nach § 349 Abs. 1 StPO kann auch das Revisionsgericht die Zulässigkeit der Revision nochmals prüfen und im Falle ihres Fehlens die Revision durch Beschluss – ohne mündliche Verhandlung - als unzulässig verwerfen. Zudem kann auf Antrag der Staatsanwaltschaft das Revisionsgericht die Revision - ebenfalls durch Beschluss ohne mündliche Verhandlung - verwerfen, wenn es die Revision einstimmig für offensichtlich unbegründet hält. Umgekehrt ist es aber auch möglich, dass das Revisionsgericht die zugunsten des Angeklagten eingelegte Revision einstimmig für begründet erachtet und aufgrund dessen das angefochtene Urteil ohne mündliche Verhandlung durch Beschluss aufhebt, vgl. § 349 Abs. 4 StPO.

Darüber hinaus kann auch das Revisionsgericht das Verfahren in jeder Lage des Verfahrens einstellen, wenn die Voraussetzungen der §§ 153 Abs. 2, 154 Abs. 2 oder 154 a Abs. 2 StPO vorliegen oder wenn ein Verfahrenshindernis nach § 206 a StPO vorliegt. Eine Einstellung nach § 153 a StPO ist hingegen nicht möglich.

9.2.1 Prozessvoraussetzungen und Verfahrenshindernisse

Das Vorliegen der Prozessvoraussetzungen und das Fehlen von Verfahrenshindernissen ist von Amts wegen zu prüfen, d. h. unabhängig davon, ob diese Punkte nach § 344 Abs. 2 StPO gerügt worden sind oder nicht. **Verfahrenshindernisse** schließen die Verfolgbarkeit schon unabhängig von der materiellrechtlichen Würdigung aus.

Beispiele:

- Strafunmündigkeit des Beschuldigten nach § 19 StGB
- Fehlen der deutschen Gerichtsbarkeit gem. §§ 18 ff. GVG
- Verfolgungsverjährung nach § 78 StGB
- Fehlen eines wirksamen Strafantrages oder zurückgenommener Strafantrag oder verspätet gestellter Strafantrag (vgl. § 77 b StGB)
- keine behördliche Ermächtigung z. B. im Falle des § 90 Abs. 4 StGB
- kein Strafverlangen z. B. im Falle des § 104 a StGB
- Verneinung eines besonderen öffentlichen Interesses bei Antragsdelikten und fehlendem Strafantrag
- Strafklageverbrauch
- Fehlen einer wirksamen Anklageschrift
- Fehlender Eröffnungsbeschluss

9.2.2 Prüfung der Verfahrensfehler

Sodann ist zu prüfen, ob aufgrund der seitens des Revisionsführers mitgeteilten Tatsachen ein oder mehrere Verfahrensfehler zu bejahen sind. Nach § 352 StPO beschränkt sich die Prüfung des Revisionsgerichts auf die gerügten und angeblich die Verfahrensfehler begründenden Tatsachen:

Gemäß § 344 Abs. 2 Satz 2 müssen bei der Verfahrensrüge die den Mangel enthaltenden Tatsachen angegeben werden. Es müssen sämtliche Tatsachen angegeben werden, durch welche die Verletzung einer Verfahrensvorschrift begründet sein soll. Es müssen also ein ausreichender Sachvortrag und ein ausreichender Tatsachenvortrag gegeben sein. Es darf keine Bezugnahme auf die Akten erster Instanz erfolgen. Letztlich muss der Vortrag derart vollständig und exakt sein, dass das Revisionsgericht allein aufgrund der Revisionsbegründungsschrift ohne Hinzunahme weiterer Unterlagen überprüfen kann, ob ein Verfahrensfehler vorliegt, falls die Tatsachen bewiesen werden. Das Revisionsvorbringen muss insoweit aus sich selbst heraus verständlich sein. Bezugnahmen und Verweisungen (z. B. auf das Sitzungsprotokoll oder die Akten) sind grundsätzlich unzulässig. Selbst die Bezugnahme auf Anlagen zur Revisionsbegründungsschrift ist nicht zulässig.

Ein Verstoß kann aber nur dann zur Aufhebung des Urteils führen, wenn er **bewiesen** ist. Der Beweis, dass die Urteilsfeststellungen in verfahrensrechtlicher Hinsicht rechtsfehlerhaft sind, lässt sich dabei nur führen, wenn er ohne eine Rekonstruktion der Hauptverhandlung erbracht werden kann. Dies ist bei der Nichtbeachtung von wesentlichen Förmlichkeiten nur durch das Hauptverhandlungsprotokoll, dem hier absolute negative bzw. positive Beweiskraft zukommt, möglich.

Beispiel:

Es liegt eine wörtliche Protokollierung i. S. des § 273 Abs. 3 StPO vor und die Zeugenaussage steht in Widerspruch zu dem Wortlaut in den Urteilsfeststellungen.

Bei der Rüge anderer Verfahrensfehler besteht die Möglichkeit des Freibeweises. Bestehen Zweifel an einem Verfahrensverstoß, so geht dies zu Lasten des Angeklagten.

Bei den Verfahrensfehlern unterscheidet das Gesetz zwischen absoluten und relativen Revisionsgründen:

9.2.2.1 Absolute Revisionsgründe

Einige Verfahrensmängel werden als derart schwerwiegend erachtet, dass unwiderlegbar vermutet wird, dass das Urteil auf einer Gesetzesverletzung beruht. Es handelt sich hierbei um die sogenannten absoluten Revisionsgründe des § 338 StPO, die im Folgenden näher beschrieben werden:

§ 338 Nr. 1 StPO

Der absolute Revisionsgrund des § 338 Nr. 1 StPO ist gegeben, wenn das erkennende Gericht nicht vorschriftsmäßig besetzt war. Einschlägig sind diesbezüglich die Vorschriften der §§ 222 a und 238 Abs. 2 StPO.

§ 338 Nr. 2 StPO

Ein Fall des § 338 Nr. 2 StPO liegt vor, wenn bei dem Urteil ein Richter oder Schöffe mitgewirkt hat, der von der Ausübung des Richteramtes kraft Gesetzes ausgeschlossen war. Für Richter gelten die Vorschriften der §§ 22 und 23 StPO, für Schöffen gelten §§ 22 und 23 StPO über § 31 StPO.

§ 338 Nr. 3 StPO

Die Vorschrift des § 338 Nr. 3 StPO greift ein, wenn bei dem Urteil ein Richter oder Schöffe mitgewirkt hat, nachdem er wegen Besorgnis der Befangenheit abgelehnt war und das Ablehnungsgesuch entweder für begründet erklärt war oder mit Unrecht verworfen worden ist.

§ 338 Nr. 4 StPO

Der absolute Revisionsgrund des § 338 Nr. 4 StPO ist zu bejahen, wenn das Gericht seine Zuständigkeit zu Unrecht angenommen hat. Zu beachten ist aber, dass die Rüge der örtlichen Unzuständigkeit rechtzeitig zu erheben ist, d.h. nur bis zum Beginn der Vernehmung des Angeklagten zur Sache, vgl. §§ 6 a, 16 StPO.

§ 338 Nr. 5 StPO

Ein Fall des § 338 Nr. 5 StPO ist gegeben, wenn die Hauptverhandlung in Abwesenheit der Staatsanwaltschaft oder einer Person, deren Anwesenheit das Gesetz vorschreibt, stattgefunden hat. Zudem ist nach der Rspr. für das Vorliegen dieses Revisionsgrundes erforderlich, dass die Abwesenheit einen wesentlichen Teil der Hauptverhandlung betraf.

§ 338 Nr. 6 StPO

Der absolute Revisionsgrund des § 338 Nr. 6 StPO greift ein bei der Verletzung von Vorschriften über die Öffentlichkeit des Verfahrens. Öffentlichkeit bedeutet, dass jedermann im Rahmen der örtlichen Gegebenheiten (d.h. insbesondere der Größe des Sitzungssaals) Zutritt zur mündlichen Hauptverhandlung haben muss. Es besteht kein Anspruch auf Ausweichen in andere Räumlichkeiten außerhalb des Gerichtsgebäudes. Etwas anderes gilt nur, wenn innerhalb des Gerichtsgebäudes andere räumliche Möglichkeiten zu dieser Zeit bestehen. Öffentlichkeit bedeutet überdies die Öffentlichkeit der Verhandlung und die Öffentlichkeit der Verkündung der Urteile und Beschlüsse, § 169 GVG.

§ 338 Nr. 7 StPO

Der absolute Revisionsgrund des § 338 Nr. 7 StPO ist gegeben, wenn das Urteil keine Entscheidungsgründe enthält oder diese nicht fristgemäß zu den Akten gebracht worden sind. Die Entscheidungsgründe müssen nach § 275 Abs. 1 Satz 2 StPO im Grundsatz fünf Wochen nach Verkündung des Urteils zu den Akten gebracht werden, d.h. in den Ablagekorb auf den Weg zur Geschäftsstelle.

§ 338 Nr. 8 StPO

§ 338 Nr. 8 StPO greift ein, wenn die Verteidigung in einem für die Entscheidung wesentlichen Punkt durch einen Beschluss des Gerichts beschränkt worden ist. Durch diese Formulierung wird aber zum Ausdruck gebracht, dass § 338 Nr. 8 StPO gar kein absoluter Revisionsgrund ist, sondern es sich vielmehr um einen relativen Revisionsgrund handelt.

9.2.2.2 Relative Revisionsgründe

Bei allen übrigen Verfahrensrügen ist die Revision nur dann begründet, wenn ein Verfahrensverstoß vorliegt und zudem das Urteil auf dieser Verletzung des Gesetzes **beruht,** § 337 Abs. 1 StPO. Es handelt sich hierbei um die sogenannten relativen Revisionsgründe.

Bei diesen ist ein Beruhen dann zu bejahen, wenn das Urteil bei richtiger Anwendung des Gesetzes möglicherweise anders ausgefallen wäre. Hierzu ist nicht erforderlich, dass die Kausalität des Fehlers genau nachgewiesen wird; vielmehr genügt, dass der ursächliche Zusammenhang zwischen Gesetzesverstoß und Urteil nicht ausgeschlossen werden kann.

Beispiele:

- Die unzulässige Ablehnung von Beweisanträgen entgegen der Ablehnungsgründe des § 244 Abs. 3, 4 und 5 StPO.
- Ein weiterer häufiger Verfahrensfehler ist die Verletzung des § 136 Abs. 1 Satz 2 StPO (i. V. m. § 163 a Abs. 3 Satz 2 StPO). Ein Beruhen des Urteils auf der Gesetzesverletzung ist ausgeschlossen, wenn der Beschuldigte Kenntnis von seinem Einlassungsverweigerungsrecht hatte.
- Ebenfalls häufig in Betracht kommt eine Verletzung des § 52 StPO (i. V. m. § 161 a Abs. 1 Satz 2 StPO bzw. § 163 a Abs. 4 StPO). Ein Beruhen des Urteils auf der Gesetzesverletzung ist dann ausgeschlossen, wenn der Zeuge sein Zeugnisverweigerungsrecht kannte.
- Weitere denkbare Verfahrensfehler sind: Fehlende Verlesung des Anklagesatzes; Fehler bei der Bestellung des Pflichtverteidigers; unvollständiger oder nicht richterlicher Augenschein; Verstoß gegen Unmittelbarkeitsgrundsatz; Beschränkung der Redezeit beim Schlussvortrag; Versagung des letzten Wortes; fehlende Urteilsberatung; Überschreitung der Frist für die Urteilsverkündung; fehlender Hinweis auf die Veränderung des rechtlichen Gesichtspunktes; fehlende Unterrichtung des zeitweise abwesenden Angeklagten.

Übergeht das Gericht einen Beweisermittlungsantrag, dann besteht die Möglichkeit einer Aufklärungsrüge, und zwar nach § 244 Abs. 2 StPO dann, wenn das Gericht es unterlassen hat, sich ihm aufdrängende Umstände zu ermitteln.

9.2.3 Die Prüfung der Sachrügen

Im Rahmen der Prüfung der Sachrügen geht es um mögliche Verstöße gegen materielles Recht. Auch diese Rüge wird auf § 337 StPO gestützt. Da das Revisionsgericht ohnehin immer eine umfassende Überprüfung des materiellen Rechts einschließlich der Frage des Beruhens des Urteils auf einem etwaigen Verstoß vornimmt, muss sich aus der Revisionsbegründung nur ergeben, dass die Verletzung sachlichen Rechts gerügt wird, § 344 Abs. 2 StPO. Ausreichend ist insofern der Satz: „Ich rüge die Verletzung materiellen Rechts.“

Bei dieser Überprüfung ist das Revisionsgericht grundsätzlich an die Tatsachenfeststellungen der Vorgerichte gebunden. Ebenso ist die Beweiswürdigung Sache des Tatrichters. Das Revisionsgericht wird folglich nur prüfen:

Fehler bei der Tatsachenfeststellung	→ Verstoß gegen Denkgesetze → Verstoß gegen Naturgesetze → Verstoß gegen Erfahrungssätze → Unzulässige Annahme der Offenkundigkeit → Unvollständige oder widersprüchliche Tatsachenfeststellung → Nichtberücksichtigung des Grundsatzes in dubio pro reo
Fehler bei der Beweiswürdigung	→ lückenhaft → widersprüchlich → unklar → verstößt gegen allgemeine Denkgesetze oder Erfahrungssätze
Fehlerhafte Rechtsanwendung	→ Beim Schuldspruch: z. B. Subsumtionsfehler bei der Anwendung des materiellen Rechts → Bei der Strafzumessung: z. B. gänzliches Fehlen von Erwägungen bei der Strafzumessung

9.2.4 Die Entscheidung des Revisionsgerichts

Aufgrund der Hauptverhandlung trifft das Gericht in Abhängigkeit des Ergebnisses seiner Überprüfungen folgende Entscheidungen:

- Hält das Gericht die Revision für unzulässig oder unbegründet, so verwirft es diese durch Urteil.
- Fehlt eine Prozessvoraussetzung, so stellt das Revisionsgericht durch Urteil das Verfahren ein, § 260 Abs. 3 StPO.
- Kommt das Gericht zu der Überzeugung, dass die Revision begründet ist, so hebt es das Urteil samt den zugrunde liegenden Feststellungen auf, soweit es die Revision für begründet erachtet, § 353 StPO. Zudem erfolgt grundsätzlich eine Zurückverweisung an die Vorinstanz, § 354 Abs. 2 StPO. Ausnahmsweise kann das Revisionsgericht auch eine eigene Sachentscheidung treffen, § 354 Abs. 1 StPO.
- Analog § 354 Abs. 1 StPO kann das Revisionsgericht zudem eine Schuldspruchberichtigung vornehmen.

9.2.5 Verbot der reformatio in peius

Auch im Revisionsverfahren darf das angefochtene Urteil in Art und Höhe der Rechtsfolgen der Tat nicht zum Nachteil des Angeklagten geändert werden, wenn lediglich der Angeklagte, zu seinen Gunsten die Staatsanwaltschaft oder sein persönlicher Vertreter Revision eingelegt hat, § 358 Abs. 2 StPO.

9.3 Verteidigungshinweise

- Die Rüge einer Aktenwidrigkeit der Urteilsgründe ist als Verfahrensrüge aussichtslos. Die Rechtsprechung ist der Auffassung, dass es nicht Aufgabe des Revisionsgerichts sei, die Übereinstimmung der Akten mit den Urteilsfeststellungen zu prüfen.
- Ein weit verbreiteter Irrtum besteht in der Annahme, dass bei einer Situation Aussage-gegen-Aussage eine Verurteilung nicht möglich sei und eine Revision deshalb Erfolg haben müsse. Das Tatgericht kann jedoch bei Widersprüchen zwischen der Einlassung des Angeklagten und einer Zeugenaussage ohne weiteres der Zeugenaussage folgen, wenn es nur rechtsfehlerfrei darlegt, warum es dies tut.

10 Strafverteidigung in Strafvollstreckung und Strafvollzug

Ist ein rechtskräftiges Urteil ergangen, so erfolgt die **Strafvollstreckung**, §§ 449 ff. StPO. Zuständig ist grundsätzlich die Staatsanwaltschaft als Vollstreckungsbehörde, § 451 StPO, im Jugendstrafrecht der Jugendrichter, § 82 Abs. 1 JGG. Die Strafvollstreckung im weiteren Sinn umfasst dabei alle Maßnahmen, die auf die Verwirklichung einer strafgerichtlichen Entscheidung gerichtet sind. Im engeren Sinn sind dabei die Regelungen gemeint, welche die Einleitung und Überwachung der Art, des Umfangs und der Dauer der Strafe betreffen. Umfasst werden dabei Geldstrafen, Verfall, Einziehung, Freiheitsstrafen, Strafaussetzungen zur Bewährung sowie Maßregeln der Besserung und Sicherung. Es können auch nachträgliche Entscheidungen z. B. über die Aussetzung des Strafrestes ergehen.

Abzugrenzen hiervon ist der **Strafvollzug**. Dieser betrifft die Durchführung von freiheitsentziehenden Maßnahmen in einer Justizvollzugsanstalt oder Verwahranstalt bei der Freiheitsstrafe, § 38 StGB, der Jugendstrafe, § 17 JGG, und den freiheitsentziehenden Maßnahmen der Besserung und Sicherung, §§ 63 ff. StGB.

10.1 Strafverteidigung in der Strafvollstreckung

Nachfolgend sollen ganz kurz Betätigungsmöglichkeiten von Strafverteidigern nach der Verurteilung des Mandanten aufgezeigt werden:

- Aussetzung nach Vollstreckung der Hälfte einer zeitigen Freiheitsstrafe (§ 57 Abs. 2 StGB)

- Aussetzung nach Vollstreckung von Zweidrittel einer zeitigen Freiheitsstrafe (§ 57 Abs. 1 StGB)

- Bewährungswiderruf
  Der Widerruf der Strafaussetzung bei Freiheitsstrafen ist in § 56 f StGB, derjenige bei einer Jugendstrafe in § 26 JGG geregelt. Der Widerruf der Strafaussetzung zur Bewährung gem. § 56 f Abs. 1 Nr. 1 StGB verlangt das Begehen einer Straftat. Dieser Widerruf setzt voraus, dass die Erwartung, die der Strafaussetzung zu Grunde lag, sich nicht erfüllt hat. Kleinere Straftaten enttäuschen diese Erwartungen in der Regel nicht, solange ihnen häufigere Begehung nicht Bedeutung verleiht. § 56 f Abs. 1 Nr. 2 StGB setzt gröbliche oder beharrliche Verstöße gegen Weisungen oder ein beharrliches Sichentziehen der

Aufsicht und Leitung des Bewährungshelfers voraus, wodurch Anlass zu der Besorgnis erneuter Straftaten gegeben wird.

- Gesamtstrafe
  Probleme können sich ergeben, wenn eine nachträgliche Gesamtstrafe verhängt wird, was sowohl durch Urteil in einem weiteren Verfahren (§ 55 StGB) als auch durch Beschluss in einem Nachverfahren (§ 460 StPO) geschehen kann. Entscheidungen im Beschlussverfahren sind sehr häufig, weil bei Urteilsfällung oftmals notwendige Informationen hinsichtlich einzubeziehender Einzelstrafen aus früheren Urteilen fehlen. Voraussetzung der Bildung einer nachträglichen Gesamtstrafe ist, dass eine Verurteilung wegen einer Tat erfolgt, die vor einer bereits rechtskräftigen Verurteilung begangen worden ist, wobei die rechtskräftig erkannte Strafe zum Zeitpunkt des Gesamtstrafenurteils weder vollständig vollstreckt, verjährt oder erlassen sein darf.

- Strafaufschub
  § 456 StPO sieht einen Strafaufschub von bis zu vier Monaten vor, wenn durch die sofortige Vollstreckung dem Verurteilten erhebliche, außerhalb des Zwecks der Sanktion liegende Nachteile erwüchsen. Eine solche besondere Härte wird beispielsweise bejaht, wenn der Abschluss der Berufsausbildung innerhalb des viermonatigen Aufschubs erfolgen kann. § 455 StPO führt drei Fälle auf, in denen ein Strafaufschub wegen Vollzugsuntauglichkeit erfolgen kann, insbesondere wenn der Verurteilte in Geisteskrankheit verfällt oder wenn bei anderen Krankheiten von der Vollstreckung eine nahe Lebensgefahr für den Verurteilten zu besorgen ist.

10.2 Strafverteidigung im Strafvollzug

Auch in diesem Bereich sollen im Folgenden ganz kurz die wichtigsten Problembereiche genannt werden:

- Beschwerde
  Der Gefangene hat gem. § 108 StVollzG ein Beschwerderecht gegenüber dem Anstaltsleiter. Dieser hat zur Gewährleistung dieses Rechts regelmäßige Sprechstunden einzurichten.

- Lockerungen des Vollzugs und Urlaub
  Gefangene haben durch die in § 11 StVollzG aufgeführten Lockerungen des Vollzugs und den dem Grunde nach in § 13 StVollzG geregelten Urlaub die Möglichkeit, die Anstalt für einige Zeit zu verlassen. Die Gewährung von Lockerungen und von Urlaub hat nach

pflichtgemäßem Ermessen der Anstalt zu erfolgen, wenn grundsätzlich der Gefangene einverstanden ist und wenn weder Flucht- noch Missbrauchsgefahr besteht.

- Offener Vollzug
  Im offenen Vollzug (§ 141 Abs. 2 StVollzG) sind in den Anstalten keine oder nur verminderte Vorkehrungen gegen Entweichungen vorgesehen. Mithin können bauliche und technische Sicherheitsvorkehrungen wie Umfassungsmauer, Fenstergitter und besonders gesicherte Türen entfallen. Den Gefangenen wird ermöglicht, sich innerhalb der Anstalt im Rahmen der dafür getroffenen Regelungen frei zu bewegen. Die Außentüren der Unterkunftsgebäude können zeitweise unverschlossen bleiben. Die Hafträume können auch während der Ruhezeit geöffnet bleiben. Die Verwaltungsvorschriften zu § 10 StVollzG schließen bestimmte Gefangene vom offenen Vollzug aus, beispielsweise solche, gegen die Untersuchungshaft angeordnet ist. Über die normierten Ausschlussgründe hinaus werden aber auch z. B. solche Gefangene für ungeeignet für den offenen Vollzug gehalten, die erheblich suchtgefährdet sind oder von denen ein schädlicher Einfluss auf andere Gefangene zu befürchten ist.

11 Die Tätigkeit des Strafverteidigers in besonderen Verfahrensarten

Außer auf den dargestellten regelmäßigen Gang des Strafverfahrens kann sich die Tätigkeit des Strafverteidigers auch auf die besonderen Verfahrensarten des Strafbefehlsverfahrens und des beschleunigten Verfahrens beziehen.

11.1 Strafverteidigung im Strafbefehlsverfahren

Die Regelungen des Strafbefehlsverfahrens in den § 407 ff. StPO schaffen eine Möglichkeit zur schnellen und einfachen Aburteilung im Bereich der Kleinkriminalität. Bei diesem Verfahren entfallen das Zwischenverfahren und das Hauptverfahren. Statt durch Urteil nach mündlicher Hauptverhandlung wird die Strafe schriftlich durch einen Strafbefehl festgesetzt.

11.1.1 Die Voraussetzungen

Um einen Strafbefehl zu erlassen, müssen folgende Voraussetzungen erfüllt sein:

- Es muss ein hinreichender Tatverdacht wegen eines Vergehens bestehen (§§ 407 Abs. 1 Satz 1, 408 Abs. 2 Satz 1 StPO).
- Es muss die Zuständigkeit des Strafrichters oder des Schöffengerichts begründet sein, § 407 Abs. 1 S. 1 StPO.
- Die Sache muss einfach sein, d. h. nach dem Ergebnis der Ermittlungen darf eine Hauptverhandlung nicht erforderlich erscheinen.
- Es dürfen nur die in § 407 Abs. 2 genannten Rechtsfolgen in Betracht kommen. Dazu gehört auch eine Freiheitsstrafe bis zu einem Jahr, wenn deren Vollstreckung zur Bewährung ausgesetzt wird und der Angeschuldigte einen Verteidiger hat.
- Es muss ein Antrag der Staatsanwaltschaft vorliegen.

Ein Strafbefehl gegen einen Jugendlichen ist nicht statthaft, § 79 Abs. 1 JGG. Bei einem Heranwachsenden kann ein Strafbefehl nur dann erlassen werden, wenn auf ihn Erwachsenenstrafrecht Anwendung findet und keine Freiheitsstrafe verhängt wird, § 109 Abs. 3 JGG.

11.1.2 Die Entscheidungsmöglichkeiten des Gerichts

Wenn dem Erlass des Strafbefehls keine Bedenken entgegenstehen, so hat der Richter gem. § 408 Abs. 3 Satz 1 StPO dem schriftlichen Antrag der

Staatsanwaltschaft zu entsprechen. Erachtet der Richter den Angeschuldigten dagegen nicht für hinreichend verdächtig, so lehnt er gem. § 408 Abs. 2 Satz 1 StPO den Erlass eines Strafbefehls ab.

11.1.3 Die Rechtsfolgen

Der Angeklagte kann gem. § 410 Abs. 1 Satz 1 StPO gegen den Strafbefehl innerhalb von zwei Wochen nach Zustellung bei dem Gericht, das den Strafbefehl erlassen hat, schriftlich oder zu Protokoll der Geschäftsstelle Einspruch einlegen. Soweit gegen einen Strafbefehl nicht rechtzeitig Einspruch erhoben worden ist, steht er gem. § 410 Abs. 3 StPO einem rechtskräftigen Urteil gleich. Der Einspruch gegen den Strafbefehl führt dagegen zur Hauptverhandlung (§ 411 Abs. 1 Satz 2 StPO). Zu beachten ist, dass bei dem Erlass des Urteils auf zulässigen Einspruch des Angeklagten das Verbot der Schlechterstellung nicht gilt, auch wenn die Hauptverhandlung keinen schwerer wiegenden Sachverhalt ergeben hat. Falls der Angeklagte bei Beginn der Hauptverhandlung weder erschienen noch durch einen Verteidiger vertreten ist und das Ausbleiben auch nicht genügend entschuldigt ist, so wird der Einspruch durch Urteil verworfen (§ 412 StPO).

11.1.4 Verteidigungshinweise

Aus Verteidigersicht zu beklagen ist, dass in der Praxis zahlreiche Strafbefehle von der Staatsanwaltschaft beantragt und vom Gericht erlassen werden, obwohl der Beschuldigte die Tatbegehung im Ermittlungsverfahren eindeutig bestritten hat. Derartige Sachverhalte eignen sich nicht für das Strafbefehlsverfahren, denn hier ist eine Hauptverhandlung zur Erforschung des wahren Sachverhalts unbedingt erforderlich.

11.2 Strafverteidigung im beschleunigten Verfahren

Das in den §§ 417 ff. StPO geregelte beschleunigte Verfahren soll ebenfalls die Strafgerichte entlasten. Es gibt die Möglichkeit, einfache Sachverhalte mit klarer Beweislage einer raschen Aburteilung zuzuführen.

11.2.1 Voraussetzungen

Um das beschleunigte Verfahren zu betreiben, müssen folgende Voraussetzungen erfüllt sein:

- Es muss sich um ein Verfahren handeln, für das der Strafrichter oder das Schöffengericht zuständig ist.
- Es muss ein schriftlicher oder mündlicher Antrag der Staatsanwaltschaft vorliegen.

- Auf Grund des einfachen Sachverhalts oder der klaren Beweislage ist die Sache zur sofortigen Verhandlung geeignet. Dabei liegt ein einfacher Sachverhalt grundsätzlich dann vor, wenn dieser für alle Verfahrensbeteiligten auf der tatsächlichen Ebene leicht zu überschauen ist. Eine klare Beweislage wird vor allem dann zu bejahen sein, wenn genügende und sichere Beweismittel zur Verfügung stehen oder auch dann, wenn der Beschuldigte ein glaubhaftes Geständnis abgelegt hat.

Auch dieses Verfahren ist gegen einen Jugendlichen nicht statthaft, § 79 Abs. 2 JGG. Es kann jedoch stattdessen das vereinfachte Jugendstrafverfahren nach §§ 76 ff. JGG durchgeführt werden.

Gegen einen Heranwachsenden ist das beschleunigte Verfahren möglich, auch dann, wenn auf ihn Jugendstrafrecht Anwendung finden sollte. In diesem Fall entfallen jedoch die in § 55 Abs. 1, 2 JGG verankerten Einschränkungen für das Rechtsmittelverfahren, § 109 Abs. 1 S.1, Abs. 2 S. 1 StPO.

11.2.2 Unterschiede zum normalen Strafverfahren

Da das Verfahren sofort oder spätestens 6 Wochen nach dem Antrag der Staatsanwaltschaft (§ 418 Abs. 1 S. 2 StPO) stattfinden soll, bestehen im Vergleich zu dem normalen Strafverfahren im beschleunigten Verfahren einige Besonderheiten:

- Es erfolgt keine Entscheidung über die Eröffnung des Hauptverfahrens, § 418 Abs. 1 S. 1 StPO. Daher entfällt das Zwischenverfahren.
- Der Antrag der Staatsanwaltschaft kann auch mündlich bei Beginn der Hauptverhandlung erfolgen, wobei ihr wesentlicher Inhalt in das Sitzungsprotokoll aufgenommen wird, § 418 Abs. 3 S. 1 StPO.
- Die Ladung des Beschuldigten ist entbehrlich. Ausnahme: Eine Ladung ist gem. § 418 Abs. 2 StPO erforderlich, wenn sich der Beschuldigte nicht freiwillig zur Hauptverhandlung stellt oder nicht dem Gericht vorgeführt wird.
- Es bestehen erweiterte Möglichkeiten der Verlesung der Vernehmungen von Zeugen, Sachverständigen oder Mitbeschuldigten, § 420 Abs. 1 StPO, und der Verlesung von Erklärungen von Behörden und sonstigen Stellen, § 420 Abs. 2 StPO.
- Wenn eine Freiheitsstrafe von mehr als 6 Monaten zu erwarten ist, so wird dem Beschuldigten, der noch keinen Verteidiger hat, ein Verteidiger bestellt.

11.2.3 Die Entscheidungsmöglichkeiten des Gerichts

Das Gericht darf in diesem Verfahren lediglich Geldstrafen oder Freiheitsstrafen bis zu einem Jahr verhängen. Zudem darf bis auf die Entziehung der Fahrerlaubnis keine Maßregel der Besserung und Sicherung verhängt werden.

Ist das Gericht der Auffassung, dass die Sache nicht geeignet ist, um im beschleunigten Verfahren verhandelt zu werden, oder hält es den Angeklagten nicht für hinreichend verdächtig, so erfolgt keine Verhandlung im beschleunigten Verfahren. Vielmehr entscheidet in diesen Fällen das Gericht über die Eröffnung des Hauptverfahrens gem. §§ 201, 203 StPO. Falls dies zur Zulassung der Anklage führt, wird das „normale" Verfahren durchgeführt ohne Beachtung der Regelungen des beschleunigten Verfahrens. Lehnt das Gericht hingegen die Eröffnung des Hauptverfahrens ab, so hat die Staatsanwaltschaft die Möglichkeit, sofortige Beschwerde einzulegen. Sie kann hiermit aber nur die Durchführung des „normalen" Hauptverfahrens, nicht aber die Durchführung des beschleunigten Verfahrens erreichen.

11.2.4 Die Rechtsfolgen

Gegen ein Urteil, das im beschleunigten Verfahren ergangen ist, stehen sowohl dem Angeklagten als auch der Staatsanwaltschaft die Rechtsmittel der Berufung bzw. der Revision zu. In dieser zweiten Instanz gelten dann nicht mehr die Vorschriften des beschleunigten Verfahrens.

12 Der Strafverteidiger in der Rolle des Opferanwalts

Strafverteidiger werden häufig auch von den Opfern von Straftaten um Hilfe ersucht. Zahlreiche Strafverteidiger stehen für solche Tätigkeiten grundsätzlich nicht zur Verfügung. Andere hingegen wagen sich an diesen psychologisch nicht einfachen Spagat heran.

12.1 Privatklage

Handelt es sich bei der gegen das Opfer begangenen Tat um eine weniger schwere, kann gegebenenfalls das Privatklageverfahren nach §§ 374 ff. StPO in Betracht kommen.

12.1.1 Die Voraussetzungen

Das Privatklageverfahren ist dann möglich, wenn es sich – ausschließlich - um eine der in § 374 StPO genannten Straftaten handelt und die Staatsanwaltschaft mangels öffentlichen Interesses keine Anklage erhebt, § 376 StPO. Trifft hingegen im Rahmen einer einheitlichen Tat im strafprozessualen Sinn ein Offizialdelikt mit einem Privatklagedelikt zusammen, so ist das Privatklageverfahren nicht möglich. Denn das Offizialdelikt ist ohne Ansehung des öffentlichen Interesses immer zu verfolgen.

Ist das Privatklageverfahren grundsätzlich möglich, so hat der Anwalt folgende Alternativen hinsichtlich seines Vorgehens:

- Das betreffende Delikt wird zunächst nur zur Anzeige gebracht und die eventuell erforderlichen Strafanträge gestellt. Sodann wird abgewartet, ob die Staatsanwaltschaft das öffentliche Interesse bejaht oder ob sie dieses verneint und den Verletzten auf den Privatklageweg verweist. Im letzteren Fall kann dann Privatklage erhoben werden.
- Es ist jedoch prinzipiell nicht zwingend erforderlich, mit der Stellung des betreffenden Antrages zuzuwarten, bis die Staatsanwaltschaft darüber entschieden hat, ob sie die öffentliche Klage erheben wird. Daher kann der Verletzte auch sofort den Weg der Privatklage vor dem nach § 374 StPO zuständigen Gericht beschreiten.

In beiden Fällen ist aber zu beachten, dass in den in § 380 StPO genannten Straftatbeständen gegebenenfalls zunächst ein Sühneversuch erfolgen muss vor einer von den jeweiligen Landesjustizverwaltungen bezeichneten Vergleichsbehörde.

12.1.2 Die Rechte des Privatklägers

Im Privatklageverfahren übernimmt der Privatkläger die Position der Staatsanwaltschaft. Er muss folglich selbst ermitteln und als „Ankläger“ auftreten. Der Staatsanwaltschaft ist es jedoch in jeder Lage des Verfahrens möglich, durch ausdrückliche Erklärung die Verfolgung zu übernehmen, § 377 Abs. 2 S. 1 StPO. In diesem Fall endet dann das Privatklageverfahren.

Dem Privatkläger steht es frei, das Verfahren jederzeit zurückzunehmen, nach Beginn der Vernehmung des Angeklagten in der Hauptverhandlung des ersten Rechtszuges jedoch nur noch mit Zustimmung des Angeklagten, § 391 Abs. 1 StPO. Zudem kann der Privatkläger auch diejenigen Rechtsmittel einlegen, die ansonsten der Staatsanwaltschaft zustehen, § 390 Abs. 1 S. 1 StPO, allerdings nicht zu Gunsten des Angeklagten.

12.2 Der Strafverteidiger als Nebenklägervertreter

Unter bestimmten Voraussetzungen kann der durch eine Straftat Verletzte das Nebenklageverfahren betreiben, bei dem er neben der Staatsanwaltschaft als weiterer Ankläger auftritt. Der Verletzte kann dieses Verfahren jedoch nicht selbst einleiten, sondern er hat ausschließlich die Möglichkeit, sich einem bereits eingeleiteten Offizialverfahren anzuschließen. Im weiteren Verfahren ist er jedoch unabhängig von der Staatsanwaltschaft.

12.2.1 Die Voraussetzungen

Damit der Verletzte als Nebenkläger auftreten kann, müssen folgende Voraussetzungen erfüllt sein:

- Es muss eine sog. Anschlussbefugnis gegeben sein. Diese liegt dann vor, wenn
    1. entweder der Verletzte durch eine der in § 395 Abs. 1 StPO genannten Straftaten verletzt ist oder
    2. der Verletzte zu den in § 395 Abs. 2 StPO genannten privilegierten Personen gehört oder
    3. wenn eine der in § 395 Abs. 3 StPO aufgezählten Straftaten vorliegt und die Nebenklage aus besonderen Gründen als geboten erscheint.
- Der Verletzte muss seine Anschlusserklärung schriftlich bei Gericht einreichen, § 396 Abs. 1 S. 1 StPO. Dies ist in jeder Lage des Verfahrens möglich, § 395 Abs. 4 S. 1 StPO.

Sodann entscheidet das Gericht nach Anhörung der in § 396 Abs. 2 StPO genannten Personen über die Berechtigung zum Anschluss als Nebenkläger.

12.2.2 Die Rechte des Nebenklägers

Wird die Nebenklage zugelassen, so wird dem Nebenkläger eine Reihe von Befugnissen eingeräumt. Dies sind unter anderem:

- Recht auf Anwesenheit in der Hauptverhandlung, § 397 Abs. 1 S. 1 StPO, selbst dann, wenn er als Zeuge vernommen werden soll
- Befugnis zur Ablehnung eines Richters, § 397 Abs. 1 S. 3 StPO i. V. m §§ 24, 31 StPO
- Fragerecht, § 397 Abs. 1 S. 3 StPO i. V. m § 240 Abs. 2 StPO
- Beweisantragsrecht, § 397 Abs. 1 S. 3 StPO i. V. m § 244 Abs. 3-6 StPO
- Einlegung von Rechtsmitteln unabhängig von der Staatsanwaltschaft, §§ 400, 401 StPO

§ 397 a StPO räumt dem Nebenkläger die Möglichkeit ein, bei bestimmten schweren Delikten auf Antrag die Beiordnung eines Rechtsanwalts zu erreichen.

12.3 Adhäsionsverfahren

Bei der Vertretung eines durch eine Straftat Verletzten im Strafprozess ist schließlich die Möglichkeit des in den §§ 403 ff. StPO geregelten Adhäsionsverfahrens zu erwägen. Dieses Verfahren bietet dem Verletzten die Möglichkeit, seine zivilrechtlichen Ansprüche, die ihm aus der Straftat erwachsen, im Strafverfahren geltend zu machen.

12.3.1 Die Voraussetzungen

Um einen möglicherweise bestehenden Anspruch geltend zu machen, müssen folgende Voraussetzungen gegeben sein:

- Antragsberechtigt ist der Verletzte oder dessen Erbe.
- Es handelt sich um einen aus der Straftat erwachsenden vermögensrechtlichen Anspruch gegen den Beschuldigten, der zur Zuständigkeit der ordentlichen Gerichte gehört und noch nicht anderweitig gerichtlich anhängig gemacht worden ist.
- Es muss ein diesbezüglicher Antrag gemäß § 404 Abs. 1 StPO gestellt werden. Dieser kann schriftlich oder mündlich zur Niederschrift des Urkundsbeamten, in der Hauptverhandlung auch mündlich bis zum Beginn der Schlussvorträge gestellt werden. Der Antrag muss den

Gegenstand und den Grund des Anspruchs bestimmt bezeichnen. Zudem soll er die betreffenden Beweismittel enthalten.

12.3.2 Die Rechtsfolgen

Die Antragstellung hat dieselben Wirkungen wie die Erhebung der Klage im bürgerlichen Rechtsstreit, § 404 Abs. 2 StPO. Abgesehen von der Anwendung einiger Vorschriften der ZPO, z.B. gem. § 406 Abs. 2 StPO derjenigen des Anerkenntnisses, richtet sich das weitere Verfahren grundsätzlich nach der StPO. Insbesondere erfolgt die Aufklärung des Sachverhaltes nach § 244 Abs. 2 StPO.

12.3.3 Die Entscheidungsmöglichkeiten des Gerichts

Das Gericht hat über den zivilrechtlichen Anspruch im Strafverfahren zu entscheiden. Es kann jedoch von der Entscheidung in folgenden Fällen absehen:

- Der Angeklagte wird nicht schuldig gesprochen oder es wird keine Maßregel der Besserung und Sicherung angeordnet, § 406 Abs. 1 S. 1 StPO.
- Der Antrag ist unzulässig, § 406 Abs. 1 S. 3 StPO.
- Der Antrag erscheint ganz oder teilweise unbegründet, § 406 Abs. 1 S. 3 StPO.
- Der Antrag eignet sich auch unter Berücksichtigung der berechtigten Interessen des Antragstellers nicht zur Erledigung im Strafverfahren, § 406 Abs. 1 S. 4 StPO.

Ein solches Absehen von der Entscheidung bedeutet, dass das Gericht nicht rechtskräftig über den Anspruch entscheidet, so dass dem Verletzten weiterhin der Zivilrechtsweg offensteht, § 406 Abs. 3 S. 3 StPO.